At

i pulserande storstad
– går det?
Jo visst – vänd bara
på bladen i boken och hitta
de bilfria gågatorna,
de grönskande parkerna
och alla fina kajer
med vattenblänk i fokus!

Förläggare	Månskara Förlag AB
Grafisk Form	Ramfelt McCarthy reklambyrå
Fotograf	Harry Ramfelt om ej annan anges
Tryckeri	Uniprint AS

ISBN 978-91-633-9065-4

Monica Malmcrantz Ramfelt

Sköna gröna promenader i Stockholm

... eller kalla, vita men lika sköna promenader.

Promenader norra Stockholm

Välj ut en tur i skön natur eller späckad med kultur.

Promenader södra Stockholm

stig, gångväg, gågata

bilväg

stig, gångväg, gågata – alternativa sträckor

bilväg – alternativa sträckor

restaurang

café, ofta med lättare rätter t ex pajer, sallader och soppor

vegetarisk restaurang

uteservering utan direkt kontakt med biltrafik

restaurang eller café i intressant miljö

Samtliga restauranger och cafeér i boken har antingen ett bra läge, oftast med uteservering eller en intressant interiör som skapar atmosfär.
OBS! Öppettiderna varierar. Många har bara öppet sommartid, kontrollera därför dessa per telefon eller på hemsida.

M museum

P parkeringsplats

P parkeringshus

T tunnelbana

B buss

S spårvagn

J järnväg

F färja

promenadens riktning

Promenaderna bör ibland göras i en viss riktning beroende på åt vilket håll de vackraste vyerna visar sig. Följ pilarna!

hög bullernivå

Stockholms broar och akvedukter har ofta extra grov asfalt och hastigheten är högre än i övrigt, samtidigt som de har ett högt och öppet läge. Samtliga broar saknar dessutom adekvata bullerskydd och den nya bilparken har utrustats med bredare och hårdare däck. Detta sammantaget gör tyvärr att ett öronbedövande trafikbuller sprider sig över stora områden i staden. Särskilt drabbade sträckor markeras med en megafon.

sträckan i km

grönska

sträckan i tid

cykling

antal steg

Ett soligt tips

På vintern när vi verkligen behöver ha ljus står solen så lågt att dess strålar inte når ovan trädtopparna. Många promenadsträckor hamnar då i skugga. Välj då att promenera fram och tillbaka på strandpromenadernas soliga sida eller utnyttja SL.

NÅGRA RIKTIGT SOLIGA STRÄCKOR ÄR:

nr 1. Huvudsta Strand – hela sträckan
nr 4. Kungsholmen – södra och västra stranden mellan T-bana Rådhuset och T-bana Kristineberg
nr 8. Djurgårdsbrunnsviken – norra stranden, buss 69
nr 11. Djurgårdsön – södra stranden, buss 69
nr 17 Årstaviken – norra stranden mellan T-bana Hornstull och T-bana Skanstull
nr 20. Järlasjön – norra stranden mellan Nacka Station och Storängen (Saltsjöbanan)

Ett skuggigt tips

På sommaren när lövträden slagit ut skänker de behaglig svalka längs många promenader.

NÅGRA SKUGGIGA STRÄCKOR ÄR:

nr 3. Lappkärrsbergen – norra stranden
nr 8 Djurgårdsbrunnsviken – södra stranden, buss 69
nr 9. Kaknäset
nr 11. Djurgårdsbrunnskanalen – södra stranden, buss 69
nr 12. Långholmen
nr 17. Årstaviken – södra stranden, tvärbanan
nr 20. Sicklasjön – främst södra stranden, buss 71

SKÖNA, GRÖNA PROMENADER

– med tips på restauranger och caféer

STOCKHOLM, NORDENS VENEDIG, borde kunna vara tystare. Motorcyklarna dundrar fram i högsta fart och mopedernas knatter studsar mellan husen. Båtarnas tvåtaktsmotorer ekar över vattnen och det surrar i luften. Brum, brum Bromma. Bilarnas breda däck viner på den grova asfalten och rejäla bullerskydd lyser med sin frånvaro. För att inte tala om våra broar, där biltrafiken

sprider ett öronbedövande dån över nejden. Så var kan man då få en tyst minut att stressa av på?

LUGN, BARA LUGN, det finns oaser även i stenstaden. Följ med på sköna, gröna promenader i Stockholms parker, på gågator och längs alla vackra stränder! Njut av en stunds avkoppling på trivsamma caféer och restauranger i härlig miljö! I parkerna ligger de inbäddade i lummig grönska. Längs stränderna guppar båtar med förtäring ombord och såväl här som på båtbryggornas serveringar är sjöutsikten gratis. Och varför inte sitta på en gatuservering och titta på det brokiga folklivet på någon av Stockholm gågator?

TA FÖR DIG av Stockholms goda och ta en promenad – men inte var som helst!

10 000 steg om dagen
Ja, visst...

... men inte var som helst!

Äta ute
Ja, visst...

... men inte var som helst!

Förtätning
Ja, visst...

... men inte hur som helst!

Kommunikationer

Ja, visst...

... men inte var och hur som helst!

2011

1870

1. Soliga Huvudsta Strand

En behaglig promenad i lantlig miljö ett stenkast från stan

Start Ⓣ **Västra Skogen**

ca 5 km | ca 1 h | ca 7 000 | Ja | Ja

Detta är den optimala promenaden för soldyrkaren. Vid klart väder badar den i sol från morgon till kväll.

Men inte nog med det, här har man sparat ett ganska stort stycke natur nere vid strandkanten och några

Sjökrogen Pampas Marina.

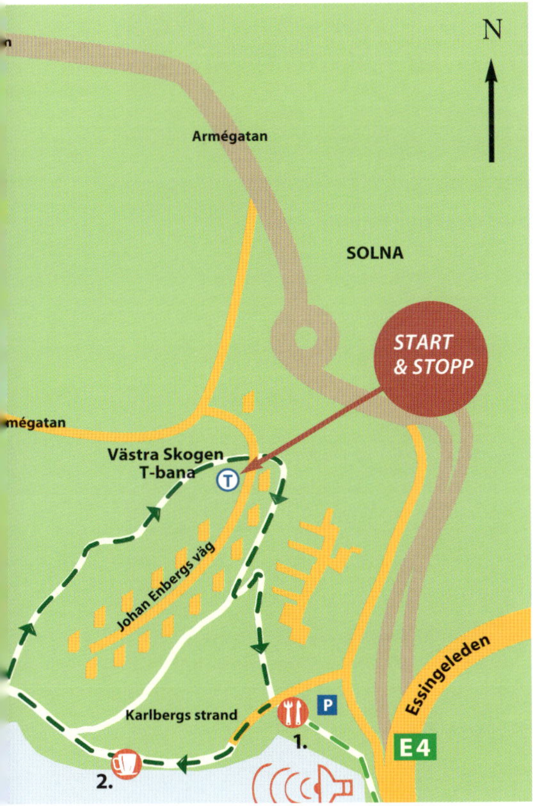

gamla kulturhistoriskt intressanta byggnader har undgått rivningsvågen under 60- och 70-talen.

För inte så länge sedan var det här rena rama landet. Riktigt långt från stan tyckte man att det låg och det tog en hel timme att ta sig hit med ångbåten. Här fanns åkrar, ängar och skogsmark och om vi går riktigt långt tillbaka i tiden fanns här flera byar t.ex. Albi, Hudesta, Lundby och Bolstomta. Alla anlades i förhistorisk tid och levde vidare ända till 1600-talet, då de stora säterierna bildades och den gamla bondebebyggelsen förblev ett minne blott. Men namnen lever kvar. Albi har sedan dess blivit Alby och Hudesta har fått ge namn åt hela området – Huvudsta.

FLYTANDE VILLOR OCH SNICKARGLÄDJE

Om vi börjar vår promenad vid T-banan Västra Skogen kommer vi snart ner till Pampas Marina, en populär hamn med restaurangen Sjökrogen

Flytande "villor" i bakgrunden.

> **Bostadsbristen var stor vid sekelskiftet och många familjer fick samsas om utrymmet.**

som dragplåster för hungriga flanörer och båtfolk. Hit kan man också flytta för gott om man vill och bo i en flytande villa och byta ut gatuadressen mot ett kajplatsnummer.

Helt andra villor dyker strax upp till höger i slänten. Furuberg byggdes troligen först som sommarnöje ute i skärgården på 1880-talet men flyttades senare till sin nuvarande plats och blev året-runt-bostad.

Bostadsbristen var stor vid förra sekelskiftet och många familjer fick samsas om utrymmet. Sofiehem var också en hyresvilla med 5 kök och 10

Snickarglädje i Furuberg.

Hänförande utsikt längs hela promenaden.

rum. Barnkullarna var stora men 2 rum och kök var inte fy skam på den tiden och läget är ju superbt och snickarglädjen förnöjer.

TVÄTTERI, GRANIT OCH DANSANDE JUNGFRUR

Vi fortsätter längs sjön och skymtar Huvudsta Gård uppe på sin höga kulle. Vi passerar sedan Huvudstabadet och kommer så småningom fram till Biddlesberg, där en gammal bebyggelse med diverse verksamheter som brädgård, rökeri och tvätteri fortfarande finns kvar. Borta är däremot den gamla tobaksladan och tobakslandet, där man odlade tobak i betydande omfattning för 100 år sedan. Ladan låg vid Jungfrudansen, där det också fanns ett stort stenbrott, som sysselsatte många arbetare i slutet av 1800-talet. Den fina graniten levererades bl.a. till Riksdagshuset och exporterades även till England. Jungfrudansen blev efter sekelskiftet ett omtyckt utflyktsmål dit man kunde komma med ångbåt och dansa på dess utedansbana.

Nu viker vi av från stranden och går uppför en backe till höger mot några nybyggda, röda bostadshus och sedan är vi uppe på den slingrande

Huvudsta Gård i vinterskrud.

Huvudsta ridskola lockar många små hästbitna.

”jungfrudansengatan”. Här är det fullt av parkerade bilar men nästan ingen trafik så stanna till och njut av den fantastiska utsikten över Kungsholmen och halva Brommalandet.

HUVUDSTA GÅRD

Nedanför Jungfrudansen skymtar Gamla Slottet inbäddat i tät grönska. Det är det äldsta huset på gården byggt på 1750-talet. Det är lätt att gå förbi den ganska oansenliga byggnaden utan att blinka för den ser inte alls ut som ett slott. Det gör däremot i högre grad Huvudsta Gård, som uppfördes 1836.

Strax kommer vi ner till den långa allén, som vi följer fram till huvudbyggnaden med sina båda flyglar, som är nästan lika gamla som Gamla Slottet. Vi har framför oss en pampig fasad i empirestil med enkla, strama linjer men med en lite mer fantasifull överbyggnad med balustrad. Runt omkring huvudbyggnaden ligger ett antal uthus utspridda, alla från 1800-talets början. Här finns än idag stall, ladugård, iskällare, statarbyggnad, en uthuslänga och brännvinsbränneriet inte att förglömma.

Den gamla uthuslängan har fått nytt liv.

GAMLA BYGGNADER MED ANOR

Botanisera gärna runt bland de gamla byggnaderna som minner om gångna tider. Huvudsta Gård har anor som går tillbaka ända till vikingatiden och de första nedtecknade uppgifterna om gården är från 1300-talet. År 1817 kom gården i familjen Wiboms ägo och de har satt sin prägel på bebyggelsen ända fram till våra dagar.

DJUR OCH HEMBAKADE KANELBULLAR

På vår väg tillbaka till T-banan går vi förbi Augustendal, som byggdes som änkesäte för Augusta Wibom på 1850-talet. Idag finns här en 4-H gård med får, getter, hästar, kaniner, grisar och höns. Precis som det har varit här i alla tider.

Denna promenad kan förlängas längs stranden både åt öster och väster. Om man fortsätter längs Bällstaviken västerut, kan man gå så långt som till Solvalla. Väljer man däremot att gå åt det andra hållet fortsätter promenaden förbi Karlbergs Slott in mot Vasastan. Hela strandvägen utgör en sträcka på ca 7 km med vattenblänk och härligt grön natur som ständig följeslagare.

Alternera promenaden:

» Se de ljusgröna markeringarna
» Utnyttja T-banan

RESTAURANGER

1. Sjökrogen Pampas Marina.....
tfn 587 557 80 | www.sjokrogen.com

CAFÉER

2. Grodhavet ....
tfn 730 08 66 | www.grodhavet.com

3. Café 4 H ....
tfn 83 69 85 | www.augustendals4h.se

4. Café Båthuset ....
tfn 0708 57 01 06 |
www.solnaseglarskola-bathuset.se

5. Café Ulvsjö ....
tfn 070 747 41 22

Djurgården i historiskt perspektiv

Sex härliga promenader i ett av Stockholms tystaste och grönaste områden

Promenaderna 2 – 3 och 8 – 11

Ett enormt staket sträckte sig runt hela Djurgården med blåmålade portar.

Djurgårdens förhistoria är höljd i dunkel men fem gravfält från yngre järnåldern skvallrar om att människor kan ha varit bosatta här sedan dess. De odlade marken som delades in i åkrar och betesmarker och allt eftersom tillkom gårdar och byar.

På 1200-talet köpte Magnus Ladulås delar av Djurgården som han sedan skänkte till Klara Kloster. Munkarnas och nunnornas kunskaper om jordbruk och boskapsskötsel kom väl till pass och jordbruket utvecklades under denna period till det bättre.

1452 bytte Kung Karl Knutsson Bonde till sig södra Djurgården och vid Gustav Vasas reduktion 1527 lades även övriga delar av Djurgården under kunglig förvaltning.

DJURGÅRDEN BLIR KUNGLIG JAKTMARK

Johan III lät anlägga en mindre djurgård 1580 och började inhägna området för jaktändamål. Hundra år senare restes Djurgårdsgärdesgården, ett enormt staket, mer än två mil långt, som sträckte sig runt hela Djurgården. Nu skulle hjortar och rådjur skyddas från tjuvskytte, varg och björn. Stängslet avbröts här och där av blåmålade portar som vaktades av grindvaktare. Uppsyningsmän och jägmästare patrullerade området och såg till att allt stod rätt till. En kopia av en blå port står nu invid Djurgårdsbron som minne från denna tid.

ETT POPULÄRT UTFLYKTSMÅL

I mitten av 1700-talet avmattades intresset för jakt hos de kungliga och framför allt södra Djurgården förvandlades till ett populärt rekrea-

Hjortar, renar och rådjur stängdes inne...

tionsområde för stockholmarna. På den tiden fanns här flera varv bl.a. Galärvarvet som vintertid användes som uppläggningsplats för skärgårdsflottans galärer och på Beckholmen kokade man tjära och beck.

Många arbetare var verksamma här och full aktivitet rådde på varven från morgon till kväll. En del arbetare bodde på Östermalm men många höll till i den kåkstad som växte upp bakom varvsområdet. Krogar och värdshus dök upp här och var och gäster kom från när och fjärran. Huvudsakligen rörde det sig om varvsarbetare, men även många andra som ville bort från stan och ut på landet. Särskilt sommartid blev Djurgården ett centrum för nöjeslystna stockholmare.

”På 1700-talet förvandlades Djurgården till ett populärt nöjes- och rekreationsområde.

... och vargar motades bort för att inte konkurrera med jägarna.

SPA I HÄLSANS TECKEN

Lite längre ut, vid Djurgårdsbrunnsbron lockade ett spa, Djurgårdsbrunn. En surbrunn upptäcktes här 1690 av Urban Hjärne och senare under 1700-talet träffade man på en kraftigare hälsokälla, som sägs ha varit en gammal offerkälla. Nu fick Djurgårdsbrunn ett uppsving och blev en livligt besökt kurort. Här fanns bland annat Djurgårdsbrunns Wärdshus, en kägelbana och ett apotekshus, som fortfarande står kvar.

Den charmiga Djurgårdsbrunnskanalen, som blev färdig 1834 gjorde sitt till för att göra området mer attraktivt för hälsosamma promenader i en härlig, rogivande miljö.

NÖJESATTRAKTIONER – EN MASSE

Under 1700- och 1800-talen anlades parker, trädgårdar och promenadvägar och allt eftersom tiden gick tillkom det ena nöjesetablissemanget efter det andra.

På 1800-talet hade Djurgården blivit ett favoritställe för de mer förmögna stadsborna. Här fanns mycket att välja på bland restauranger, värdshus och nöjesattraktioner. Hasselbacken, Blå Porten, Lindgården, Alhambra, Cirkus, Skansen och Gröna Lund m.fl. konkurrerade alla om de nöjeslystnas intresse. Höjdpunkten nåddes när Karl XIV Johan lät bygga Rosendals Slott och Drottningens paviljong.

Nu blev det fint att bo här och många ståndsmässiga privatvillor dök upp längs Djurgårdens stränder under 1800-talet och strax efter förra sekelskiftet. Under 1900-talet befästes Djurgårdens renommé som Stockholms rekreationscentrum nummer ett och har hållit ställningarna alltsedan dess.

2. Brunnsviken runt i Gustav III:s spår

En skön, grön promenad, där Gustav III gör sig påmind bakom varje krök

Start: Haga södra grindar
B 59 (ansluter till T-centralen)

ca 12 km — ca 2,5 h — ca 16 800 — Ja — Ja, delvis (utom gamla Haga, Bergianska och strax söder därom)

Om vi levt på vikingatiden hade vi kunnat se stora vikingaskepp segla fram över Brunnsviken på sin väg från Östersjön in mot Helgö och Birka. Här låg nämligen en nordlig segelled, som gick in i viken genom Ålkistan och ut på andra sidan och vidare genom Råstasjön och Lötsjön in i Mälaren.

På den tiden hade landhöjningen efter istiden inte hunnit så långt och vi hade befunnit oss på en ö med en djup förkastningssänka på öns östra sida, som idag är Brunnsviken. Sänkan uppstod vid spänningar i jordskorpan när isen långsamt smälte undan söderifrån.

En annan kvarleva från istidens slutskede är Brunkebergsåsen som sträcker sig väster om hela Hagaparken. Idag genomkorsas åsen av trivsamma skogsvägar och stigar men fungerar turligt nog också som en gigantisk bullervall mot den störande trafiken på Uppsalavägen.

TILLBAKA TILL NATUREN

Gustav III hade storvulna planer på att bygga sig ett sommarslott ute på landet. Helt i tidens anda. Synd bara att han blev mördad för annars skulle vi ha haft ett litet Versailles att vila blickarna på ute i Hagaparken. En lång och bred allé, ungefär där Sveavägen nu går, skulle förbinda slottet i Gamla Stan med det nya sommarslottet. Haga södra grindar öppnade vägen in i parken, som då naturligtvis ingen vanlig dödlig hade tillgång till. Idag däremot är den öppen för alla.

GUSTAV III VISAR VÄGEN

Vi börjar vår promenad vid grindarna och med lite fantasi kan vi kanske föreställa oss hur Gustav III skulle ha åkt i de finaste karosser mellan sina slott. De första husen vi stöter på är Gamla Haga, det prästgårdstorp som kungen förvärvade 1771. Här bodde kungen de första åren och planerade sitt slottsbygge tillsammans med arkitekter som Piper, Masreliez, Desprez och Tempelman. Kungen köpte ytterligare en gård och en intensiv byggperiod inleddes. Turkiska Paviljongen var den första byggnad som uppfördes 1786-88 och den ligger alldeles intill Gamla Haga. Här

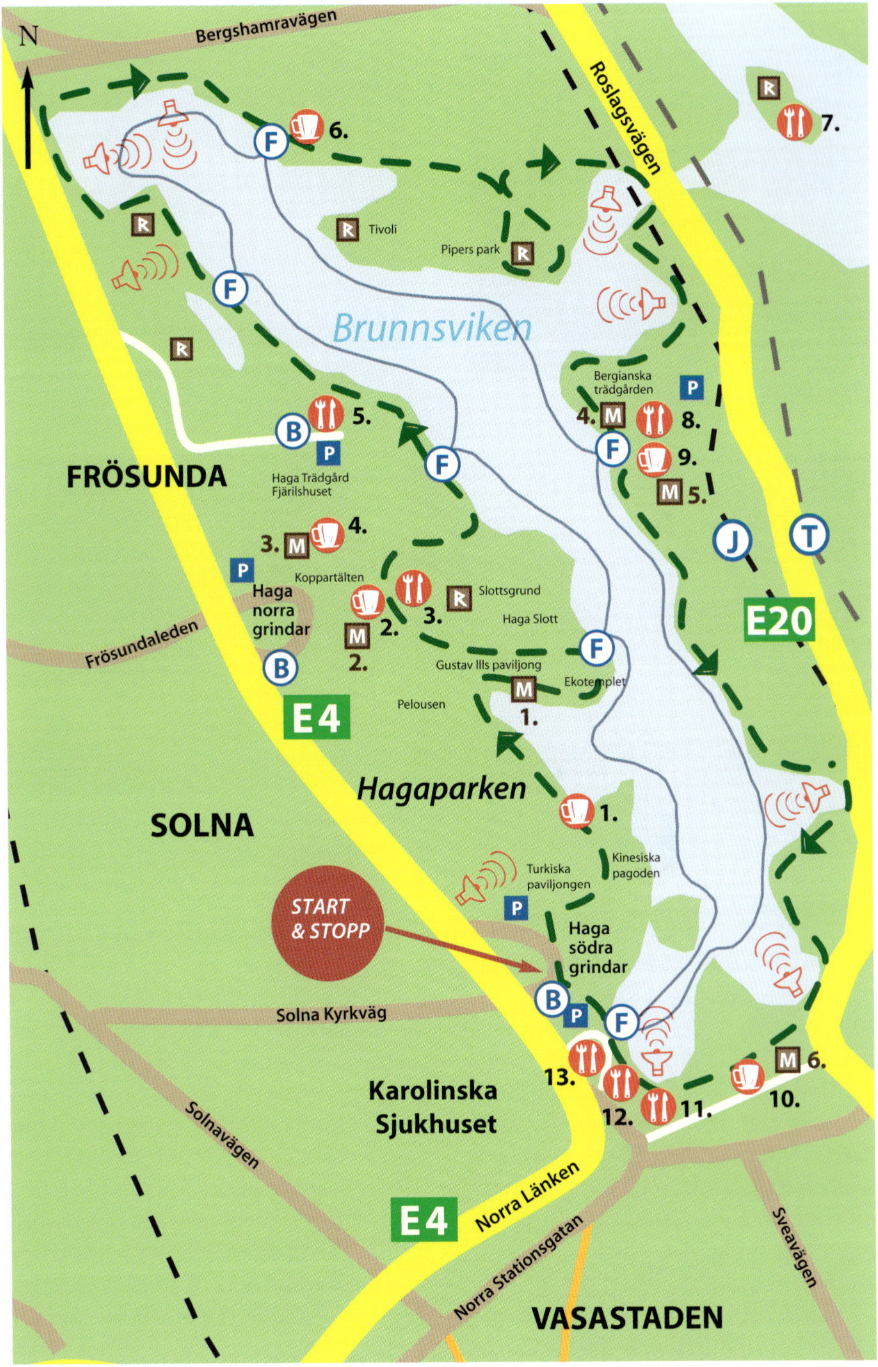
N
Bergshamravägen
Roslagsvägen
6.
7.
Tivoli
Pipers park
Brunnsviken
Bergianska trädgården
4.
8.
9.
5.
5.
FRÖSUNDA
Haga Trädgård Fjärilshuset
4.
3.
Koppartälten
Haga norra grindar
3.
2.
2.
Slottsgrund
Haga Slott
Frösundaleden
Gustav IIIs paviljong
Ekotemplet
Pelousen
1.
E4
E20
Hagaparken
1.
SOLNA
Turkiska paviljongen
Kinesiska pagoden
START & STOPP
Haga södra grindar
Solna Kyrkväg
13.
12.
11.
10.
6.
Karolinska Sjukhuset
Solnavägen
E4
Norra Länken
Norra Stationsgatan
Sveavägen
VASASTADEN

Gamla Haga – prästgårdstorp blir kungaboning.

Ekotemplet ämnat som matsal under varma sommardagar.

Gustav III flyttar till ståndsmässigare sommarställe.

fick kungen mer svängrum och kunde ägna sig åt sitt konstnärliga skapande i en lantlig, romantisk miljö. ”Tillbaka till naturen” var nämligen mottot för dagen och man grävde, dikade och fyllde igen för att skapa en harmonisk, engelsk park på Haga med många främmande träd och buskar.

Till bilden hörde också att det i en engelsk park skulle finnas paviljonger, pagoder, obelisker och fontäner och år 1787 tillkom ett lusthus i kinesisk stil, den Kinesiska Pagoden. På vår promenad ner mot vattnet skymtar den fram mellan lövverket på andra sida vägen, där också den kungliga begravningsplatsen ligger.

Sedan passerar vi Vasaslätten och så småningom kommer vi fram till en jättelik gräsmatta, Stora Pelousen. Det var här på en kulle bakom gräsmattan som slottet skulle ligga. Men i väntan på att det skulle bli färdigt lät Gustav uppföra en paviljong, där han kunde bo lite mer ståndsmässigt och övervaka sitt stora projekt på närmare håll. Paviljongen är ett mästerverk i sengustaviansk stil och kan

Koppartälten – från stallar till muséum och café.

beundras i sin helhet på guidade visningar under sommaren. Framför paviljongen ligger Ekotemplet, där kungen intog sina måltider under varma sommardagar. Ett Haga Slott fick ändå se dagens ljus i Hagaparken om än några decennier senare. Då lät Gustav IV Adolf uppföra Drottningens Paviljong, där senare prins Gustaf Adolf och prinsessan Sibylla bodde med sina Hagasessor och lillprinsen.

Många år senare, år 2010, flyttar kronprinsessan Victoria och Daniel in i paviljongen och cirkeln är sluten.

HAGA PARKMUSEUM

Vi gör en liten avstickare från strandpromenaden och går upp i skogen strax bakom Haga Slott och tittar på den gediget byggda grunden till stora slottet, det enda som blev verklighet av de stora planerna. Men om vi fortsätter upp till Koppartälten kan vi göra oss en föreställning om hur slottet skulle ha sett ut i färdigt skick. Här finns nämligen ett intressant parkmuseum som berättar om parken, de olika byggnaderna och en fin modell av slottet. Tälten byggdes 1787-1790 som logement och stallar till den beridna högvakten.

Vid samma tid uppfördes värdshuset Övre Haga strax norr om tälten. Här låg också Haga Trädgårdar med drivbänkar för grönsaks- och fruktodlingar för hovets behov samt en plantskola för parkens anläggande. Än idag finns odlingar kvar här men det stora växthuset har nu inretts till ett museum, Fjärilshuset, där fjärilar och fåglar flyger fritt omkring bland exotiska växter i tropisk miljö.

GAMMALT OCH NYTT

Nu går vi ner mot vattnet igen och tar ett kliv in i nutiden men står ändå kvar med ett ben i det förflutna. Radisson Hotel, som vi snart kommer fram till, är idag ett modernt konferenshotell men med gamla anor. Ett konglomerat av moderna huskroppar sammanvävda med Svea Ingenjörsregementets kasern i stram klassicistisk stil utgör en spännande arkitektonisk enhet och gamla Frösundaviks herrgård minner om än äldre tider.

Än mer futuristiskt ter sig SAS f.d. gamla koncernbyggnad i glas och stål, ett helt litet samhälle med huvudgata, torg och t.o.m. en egen liten insjö. Strax väster om SAS-byggnaden ligger Annelund, där den svenska gymnastikens fader, Per Henrik Ling hade sin bostad på 1900–talet och hans grav hittar vi på en naturskön plats på en udde vid vattnet.

TIVOLI

Nu följer en trist, bullrig sträcka med E4 och Bergshamravägen som följeslagare. Bäst är att försöka komma undan eländet fortare än kvickt. Ett alternativ är att bortom Järva Krog hoppa på 540:ans buss, ett annat att sätta på iPoden och snabbt forsa fram och söka tystnaden bakom Tivoliberget. Tivoli är namnet på den natursköna halvö som vi just kommit fram till. Men varför har den fått namnet Tivoli? Jo, Tivoli är en ort utanför Rom med en helt underbart vacker trädgård, Villa d'Este och nu får vi gå tillbaka till 1700-talet igen.

En av Gustav III:s vänner Gustaf Philip Creutz ville anlägga en engelsk park här med namnet Tivoli som en hyllning till Gustav III och hans vurmande för Italien. Parken blev aldrig fullbordad, men på halvöns östra sida kan man ana en parkanläggning som fått namnet Pipers Park efter träd-

Bergianska trädgården bjuder på blomsterprakt...

… och rofylld idyll.

gårdsarkitekten Piper.

Ett annat minne från 1700-talet är Kraus grav som ligger på udden nedanför Tivoliberget. Kraus var kompositör och kapellmästare vid Gustav III:s opera och hade, liksom kung Gustav själv, förälskat sig i den vackra naturen runt Brunnsviken och uttryckt en önskan om att få bli begravd här.

ÅLKISTEKANALEN

Ända till långt in på 1700-talet kunde båtar ta sig genom Ålkistan men i takt med landhöjningen blev passagen allt trängre och till sist fanns det bara en liten fors kvar, där vattnet från den nu högre liggande viken strömmade ut i Saltsjön. Ett idealiskt ställe att anlägga en ålkista på och fånga ålarna på deras väg nedför forsen. Det är från denna tid namnet Ålkistan härrör. Men vid mitten av 1800-talet ville man åter öppna passagen in i Brunnsviken. 1864 sprängde man och i ett nafs sänktes vikens vattennivå med 1.25 meter. Gustav III:s holmar försvann t.ex. och viken blev mindre men man hade fått en kanal mellan Saltsjön och Brunnsviken.

Vi går vid sidan av kanalen och över till andra sidan och får stå ut med en hel del trafikbuller innan vi kommer ut mot Bergianska Trädgården, som ligger mer skyddad på en halvö. Men innan dess fångas vår uppmärksamhet av två stora trävillor, Fridhem och Sofielund. Båda är byggda som sommarvillor på 1870-talet med lustfylld snickarglädje.

BERGIANSKA TRÄDGÅRDEN

Trädgården är uppkallad efter Linnés lärjungar, bröderna Bergius, som donerade trädgården till Kungliga Vetenskapsakademin år 1784. Då låg trädgården inne i Vasastan men flyttdes ca 100 år senare till sin nuvarande

”För de allra ömtåligaste växterna byggde man växthus.

plats med allt vad det kan ha inneburit av umbäranden. Idag är den ett omtyckt utflyktsmål, där man kan strosa runt i godan ro på grusvägarna och njuta av de mer än 8 000 växter som planterats här i denna vackra natur.

För mer ömtåliga växter har man skapat växthus. Victoriaväxthuset från sekelskiftet är mest känt för sina jättenäckrosor och ett relativt nytillskott är Edvard Anderssons Växthus. Här har man skickligt lyckats skapa en miljö, där växter från hela världen med medelhavsklimat frodas och trivs.

Om vi rundar udden vid Bergianska får vi fina vyer över viken åt alla håll. Sedan fortsätter vi utefter stranden i omväxlande natur på trappor, stigar och över klipphällar och har hela tiden Hagaparken i blickfånget på andra sidan viken.

Vi passerar några intressanta byggnader på vägen, bl.a. Gustavsborg, ett litet gult hus med dekorativ veranda, som byggdes på 1800-talet som sommarnöje.

Strax bakom höjer sig ett torn som förr i tiden tjänade som domartorn för travtävlingar på Brunnsvikens is. Då gick det livligt till här minsann med kuskarna uppflugna på sina höga

Victoriaväxthuset med mer än 100 år på nacken.

Jättenäckros inspekteras noggrant i Victoriaväxthuset.

slädar frenetiskt påhejade av en entusiastisk publik. Botaniska Institutionerna och Skogsforskningsinstitutet skymtar förbi bakom lövverket och sedan kommer vi fram till Kräftriket. Här sitter Bellman staty och här låg också hans favoritkrog, Första Torpet. Här satt säkert Bellman, precis som statyn visar och sjöng om Brunnsviken och Haga.

BELLEVUEPARKEN

Om vi lämnar stranden för ett ögonblick och beger oss rakt söderut kommer vi in i Bellevueparken och högt uppe på krönet av Lögebodavägen stöter vi på Carl Eldhs hem och ateljé, som idag förvandlats till ett intressant museum. Här levde och verkade skulptören mellan åren 1919 till sin död 1954. Sedan dess har ateljén i stort sett fått stå orörd och ger en fin inblick i skulptörens arbete och skänker hans samlade verk en värdig inramning.

På andra sidan krönet ligger två fina hus från Gustav III:s tid. Då var det fashionabelt att bo vid Brunnsviken och många rika stockholmare byggde sig sommarnöjen här. Man ville frottera sig med kungahuset och festerna avlöste varandra runt viken. Husen kallades malmgårdar och än idag finns här Paschs malmgård liksom Carl Sparres träslott omgivna av en lummig grönska alldeles på gränsen till stenstadens yttersta kant.

KROGARNA RUNT VIKEN

På 1700-talet var Brunnsviken rik på

"Gula tornet" i vinterskrud håller fortfarande koll på vad som händer på isarna.

kräftor och fisk och de många krogarna runt viken dukade gärna upp dessa delikatesser till sina gäster. Idag har alla försvunnit förutom Stallmästaregården. Den uppfördes som bostad till Karlbergs Slotts stallmästare och har varit krog ända sedan 1650-talet. Mycket av det gamla är intakt än idag och invändigt kan man fortfarande få se de ursprungliga målningarna på väggar och tak.

Förkorta promenaden:

» Utnyttja båttrafiken under sommaren

M MUSEER

1. **Gustav III:s Paviljong**
   tfn 402 61 30 | www.kungahuset.se
2. **Haga Parkmuseum (i Koppartälten)**
   tfn 27 42 52
   www.hagaparkmuseum.se
3. **Fjärilshuset**
   tfn 730 39 81 | www.fjarilshuset.se
4. **Victoria Växthuset**
   tfn 545 91 700 | www.bergianska.se
5. **Edvard Anderssons Växthus**
   tfn 545 91 700 | www.bergianska.se
6. **Carl Eldhs Ateljémuseum**
   tfn 612 65 60 | www.eldhsatelje.se

Brunnsviken lockar sommar…

… som vinter.

RESTAURANGER

3. Koppartältens Värdshus ......
tfn 27 70 02 | www.koppartalten.se

5. Radisson Hotel ....
tfn 624 55 00 | www.royalparkhotel.se

7. Bockholmen Hav och Restaurang
tfn 624 22 00 | www.bockholmen.com

8. Gamla Orangeriets Café...........
tfn 612 09 59 | www.gamlaorangeriet.se

11. Lillstallis, tfn 610 13 03...............

12. Stallmästaregården, tfn 610 13 00
www.stallmastaregarden.se .....

13. Haga Forum, tfn 33 48 44 ....
www.profilrestauranger.se/hagaforum

CAFÉER

1. Konditori Vasaslätten ....
tfn 30 46 60

2. Koppartältens Café ....
tfn 27 70 02 | www.koppartalten.se

4. Kafé Fjäril ....
tfn 730 36 11 | www.fjarilshuset.se

6. Kafé Sjöstugan ....
tfn 655 11 99 | www.kafesjostugan.se

9. Edvard Andersson ....
Växthus Café | tfn 545 917 21

10. Carl Eldhs
Ateljémuseum ....
tfn 612 65 60 | www.eldhsatelje.se

3. Runt Lappis med studenter i centrum

Frisk luft och skogsdoft fjärran från stenstadens buller och bång

Start: J T **Universitetet**

7 km | ca 1,5 h | ca 9 800 | Ja | Nej

Enligt sägnen har Lappkärret fått sitt namn efter en lappgubbe, som kallades Mäster William och som lär ha bott i en lappkåta vid Lappkärret.

Hit kom han 1581 på uppdrag av Johan III för att sköta renarna, som betade här på den tiden. Renar var bland de första inplanterade djur som kom till Walmundsön, som området tidigare hette. Här ville kungen skapa en djurgård med mycket vilt för de kungliga jakterna.

På 1680-talet bildade Karl XI en förvaltning, som skulle sköta om djurbeståndet och samtidigt hålla vilda djur och tjuvskyttar borta. En sammanhängande jaktpark, Djurgården, som sträckte sig från Djurgårdsön

På andra sidan Lilla Värtan höjer sig Cedergrenska Tornet över tall och gran.

ända upp till Lappkärrsbergen, såg dagens ljus.

DJURGÅRDEN – ETT REKREATIONSCENTRUM

Djurgården gör inte riktigt skäl för namnet idag och man måste gå till Skansen för att få se farliga djur. Men harar, rådjur och rävar rör sig fritt i skogarna och numera månar förvaltningen om Djurgården som ett rekreationsområde för stockholmarna. Här i den norra delen av Djurgården har mycket hänt under 1900-talets se-

Liten röd stuga med vita knutar hukar bakom stora, höga hus.

nare hälft. Sedan den gamla skjutbanan lagts ner fick området ett helt nytt ansikte. Man använde jord från skyttevallarna och gyttja från muddringen av Laduviken för att anlägga gräsmattor för lekar och picknick och många nya stigar och motionsspår har anlagts. Laduviken som förut mest bara var träskmark är nu en liten sjö med ett rikt fågelliv liksom den nyanlagda Spegeldammen omgiven av vassdungar, där änder och sothöns trivs.

På 1980-talet invigdes Stora Skuggans 4 H-gård och Naturens Hus. Båda informerar om natur och miljö men på lite olika sätt. 4H-gården har stall med får, hästar, getter och grisar och undervisar i djurskötsel och trädgårdsodling. Naturens Hus har kurser och utställningar om djur och natur i Stockholmsområdet och vill förmedla kunskap om naturens sårbarhet.

EN NY OMVÄLVANDE EPOK

En ny era inleddes också på 1960-talet då universitetet flyttade från Odenplan ut på landet, som man tyckte då. En mängd nya byggnader uppfördes längs Roslagsvägen, en del ganska anskrämliga, andra lite roligare. Det blev ett sammelsurium av gamla träkåkar, sida vid sida om monumentala tegelbyggnader, tråkiga lamellhus och lite mer fantasifulla byggnadskomplex. En tunnelbana byggdes och allt kom lite närmare stan.

EN UNIVERSITETSSTAD I PARKMILJÖ

Låt oss utgå från tunnelbanestationen

Naturhistoriska muséet imponerar även på långt håll.

Unga studenter kopplar av i gammal, rustik miljö.

Små töser och hästar i samspråk på 4H-gården.

på vår promenad och börja med att titta lite på universitetsområdet innan vi försvinner in i skogen. Vi går först bara rakt fram över ett stort fält bort mot Arrheniuslaboratoriet, inhyst i ett stort grått modernt byggnadsblock. Sedan viker vi av åt vänster och går mellan laboratoriet och Greens villa, ett grönt gammalt trähus, där arkeologiska forskningslaboratoriet nu har sina lokaler. Längre fram ser vi Frescatihallen, studenternas stora sporthall i en färgglad barrack med välvt tak. Bakom denna byggnad ligger Naturhistoriska Riksmuseet, desto mer imponerande med sin monumentala pondus. Det är en maffig kupolkrönt byggnad, uppförd 1907-1916, som visar djur och växter från hela världen. Strax intill ligger den nyare Omniteatern med vidfilmsanläggning och planetarium.

LÅNG STRANDPROMENAD MED SJÖUTSIKT

Norr om museet viker vi in på Ekhagsvägen med sina funkishus från 30-talet och får strax syn på ”Lappis”, det stora studentbostadsområdet från 60-talet uppe på Lappkärrsberget. Nu väntar en lång strandpromenad längs Lilla Värtan med fin utsikt över stränderna på andra sidan vattnet. Först ser vi Danderyd med det Cedergrenska Tornet, en borgliknande byggnad, uppförd runt sekelskiftet som dominerande inslag. Sedan går vi förbi Lilla Sjöstugan, där Kar de Mumma hade sin skrivarlya under några år och här skymtar Tranholmen och Lidingö fram mellan trädstammarna på andra sidan viken. I början tar vi oss fram bekvämt på en ganska bred skogsstig men efterhand blir den allt smalare och krokigare med retsamma trädrötter, som lätt sätter krokben på en ouppmärksam flanör. Men stigen är trots allt framkomlig och går genom en fin, tät skog med granar, tallar, lövträd och blåbärssnår.

TVÅ 1700-TALSGÅRDAR

När vi kommer fram till Ugglebo

öppnar sig landskapet och vi kommer in i en skogsglänta. Uppe på en kulle på andra sidan gläntan skymtar vi Lilla Skuggans huvudbyggnad i en lummig eklund. Gården har anor från 1700-talet och beboddes några år av Ivar Kreuger, som gav gården dess nuvarande utseende. Om vi följer skogsgläntan inåt land kommer vi snart fram till Stora Skuggan. Även denna gård har gamla anor och donerades till teaterdirektör Edelcrantz av Gustav III på 1700-talet. Edelcrantz gav gården namnet Skuggan p.g.a. de många stora, skuggande granarna som omgav huset. Han lät också uppföra flera nya hus, bl.a. ett stall och en vinterträdgård, som fortfarande är bevarade. I vinterträdgården som kallas åttkanten drev man upp palmer och andra tropiska träd och växter.

ERSKINES FANTASIFULLA VÄRLD

På vägen tillbaka till tunnelbanan passerar vi Wärdshuset Stora Skuggan, Café Skafferiet, Naturens Hus och 4H-gården och kommer så småningom tillbaka till universitetsområdet. Nu träder vi rakt in i Erskines värld och här har den kände arkitekten fått fritt utlopp för sin skaparkraft. Biblioteket drar till sig uppmärksamheten med sina lutande fasader och sina balkonger på pelare, där studenterna kan sitta och äta sin medhavda lunch. Biblioteket utgör en stark kontrast till både Bloms Hus från 1830-talet, det äldsta huset på området och Södra Husets sex höga, långsträckta huskroppar sammanbundna av en lång baslänga, allt i sann, rationell 60-talsanda.

Palmer och annat exotiskt fanns en gång bakom Åttkantens åtta väggar

Biblioteket, ett spännande, lutande verk av Erskine.

Ulligt, gulligt djur lider inte brist på bete.

Sedan drar Allhuset blickarna till sig, också det en Erskineskapelse, en fantasifull byggnad med svepande linjer och väl anpassad till terrängen. Allhuset är en servicebyggnad med bokhandel, post, resebyrå, café och restaurang. Den sistnämnda tyvärr med karaktär av "barnbespisning" men öppen för alla och i vackra lokaler. Nu är det bara Juristernas Hus och Nobelhusen som kräver en kommentar innan promenaden är slut. Juristernas Hus är en svepande byggnad, ritad av Erskine helt i trä med ett spännande, böljande tak. Här håller de juridikstuderande till och har nära till allt även till Studentkårens lokaler, som är inhysta i Nobelhusen invid T-banan.

RESTAURANGER

1. **Restaurang Fossilen** ....
   tfn 519 551 46 | www.nrm.se
2. **Stora Skuggans Wärdshus** ...
   tfn 15 50 70
   www.storaskugganswardshus.se
4. **Restaurang Lantis i Allhuset** .
   tfn 15 92 50
5. **Gamla Orangeriets Café** .....
   tfn 612 09 59 | www.gamlaorangeriet.se

CAFÉER

3. **Skafferiet i Ekoparken** ....
   tfn 15 77 90 | www.skafferiet.eu
6. **Edvard Andersson Växthus Café**
   tfn 545 917 21
   www.bergianska.se/vaxthus

Alternera promenaden:

» Se de ljusgröna markeringarna

MUSEER

Naturhistoriska Riksmuseet
tfn 519 540 40 | www.nrm.se

4. Längs Kungsholmens stränder

Sol och bad på promenad mitt i stan

Start Ⓣ **T-bana Rådhuset**

ca 9 km · ca 1 ¾ h · ca 12 600 · mesta-dels · Ja (utom strand-sträckan i Fredhäll)

Kungsholmens stränder utgör en fantastisk rekreationsresurs för alla stockholmare men det finns ett aber – trafiken. Essingeleden, Västerbron, Tranebergsbron och Klara Strandsleden är ju inte roliga och det är inte Brommaflyget heller. Men vi går i parker med avskärmande vegetation

På 1600-talet betade kor och får i godan ro i Stadshagen.

och emellanåt avtar trafikbullret i styrka och man kan t o m höra fågelkvitter.

MUNKAR OCH TEGELBRUK

Kungsholmen som idag ligger på bekvämt avstånd från City var ända fram till 1600-talet en glesbefolkad, svårtillgänglig ö, där man odlade spannmål och hö. I Stadshagen på öns nordvästra sida betade kor och får i godan ro och markerna användes också till jakt. Egentligen hade inte mycket förändrats sedan franciskanermunkarna bosatte sig här på 1400-talet och ön fick namnet Munklägret.

Gråmunkarna som de kallades i Sverige på grund av sin grå dräkt skötte sin boskap, brukade jorden och fiskade. Men utöver detta bedrev de också ett tegelbruk, som var i drift långt efter det att munkarna fördrevs i samband med Gustav Vasas reduktion. Munklägret övergick nu till kronan och ytterligare ett tegelbruk anlades i slutet av 1500-talet av Johan III. Han var i full färd med att bygga om slottet och behövde byggnadsmaterial. Dessutom användes tegel även till de stora palats som växte upp i Stockholm på 1600-talet. Även på Munklägret var det byggverksamhet sedan drottning Kristina donerat stora markområden till några av trettioåriga krigets generaler. Här uppförde de magnifika malmgårdar och anlade fantasifulla, terrasserade trädgårdar.

HANTVERKARE INVADERAR ÖN

På 1600-talet har man stora planer för Munklägret och kronan donerar större delen av ön till Stockholms Stad. Nu får östra delen av ön en stadsplan och sedan 1635 finns också en broförbindelse som underlättar expansionen. Dessutom ges privilegier i form av skattelättnader m.m. till industriidkare och hantverkare för att locka till inflyttning. Om munkarnas tegelbruk var öns första industri skulle den absolut inte bli den sista. Nu bebyggs ön snabbt och många industrier etablerar sig här.

MUNKLÄGRET BLIR FATTIGHOLMEN

Men medaljen har också en baksida. En viktig orsak till utflyttningen var att man ville bli av med illaluktande, slamrande och brandfarliga verksamheter och flytta dem utom syn- och hörhåll från stan. Munklägret blev alltså en uppsamlingsplats för farliga och hälsovådliga industrier och hantverk, där man inte tog hänsyn till arbetarnas bästa. Bostäder byggdes men inte alls i den utsträckning som behövdes.

Värst var det i slutet av 1800-talet då ön utvecklats till en veritabel fabriks- och arbetarstadsdel. Nu upplevde man en enorm befolkningsexplosion och bostäderna räckte inte till på långt när. Uppe bland bergsskrevorna i Stadshagen höll de verkligt fattiga till i ruckel som de byggt av flasklådor och spillvirke utan eldstad och vatten.

Först år 1917 byggde man nödbostäder i trähus med smålägenheter om ett rum och kök. Man hade värme, vatten och avlopp men dass på gården. En enorm förbättring men ännu bättre skulle det bli på 30-talet då Familjebostäder byggde nya bostäder med moderna kök och badrum. En dröm för de barnrika arbetarfamiljerna även om man fick tränga ihop sig i små två- eller trerummare.

Polishuset i lullull och krusidull.

Harmonisk barockträdgård ramar in Piperska Malmgården.

KUNGSHOLMEN IDAG

Det var på 1900-talet som de största omvälvningarna på Kungsholmen ägde rum. Nu skulle här städas upp och det var Albert Lindhagen som fick i uppdrag att planera stadsdelen.

Grubbens plaskdamm med Bonniers Konsthall i fonden.

Gatunätet utvidgades västerut, Kungsklippan bebyggdes med moderna höghus och Norrmälarstrand fick en bostadsbebyggelse i funktionalistisk stil som bildade en vacker kuliss mot vattnet.

Industrierna försvann från ön efterhand och lämnade plats för bostäder, kontor och offentliga institutioner och den utvecklingen pågår fortfarande. Nu omvandlas t.ex. hela det forna industriområdet Hornsberg till ett modernt bostadsområde. Öns nordvästra del präglas idag av stora parkanläggningar med insprängda lamellhus men tyvärr passar det nya bostadsområdet inte in i det mönstret. De nya husen byggs högre, mycket närmare varandra och grönskan mellan husen är i stort sett obefintlig.

LEKFULLT POLISHUS OCH MASSIVT RÅDHUS

Vi börjar vår promenad vid T-banestationen Rådhuset och kommer direkt upp i Rådhusparken, som egentligen är en del av den Piperska Malmgårdens barockträdgård från 1600-talet.

Idag har en liten del av barockträdgården återskapats i sitt ursprungliga skick vid Piperska Muren på andra sidan Rådhuset. På var sin sida om Rådhusparken står två pampiga byggnader, Rådhuset och Polishuset. Trots att båda uppfördes på 1910-talet är de varandras motpoler. Polishuset visar fram en lekfull silhuett med tinnar och torn medan Rådhuset är en väldig, massiv byggnad i återhållsamt sträng stil.

Vi fortsätter norrut och kommer fram till Grubbensparken. Här låg tidigare St:Eriks Sjukhus som har en historia som går tillbaka till 1800-talets mitt, då det fanns en försörjningsinrättning här. Allt som finns

Karlbergssjön med slott och gamla fina stenhus som effektfull bakgrund.

bevarat från sjukhustiden är ett kapell och en hel del av de gamla lövträden. Idag har man skapat en mycket trevlig boendemiljö här med omväxlande höga och låga bostadshus. Parken sträcker sig ner mot stranden och vi rundar en oval damm innan vi kommer ner till Kungsholmsstrand. När vi följer Barnhusviken och ser alla fina bostadshus som kantar Kungsholmsstrand är det svårt att föreställa sig att det låg en kåkstad med gamla ruckel här uppe bland bergsskrevorna för bara 100 år sedan.

BEKVÄMA STRANDPROMENADER OCH SVÅRBEMÄSTRADE STIGAR

Strax dyker Karlbergs Slott upp på andra sidan viken och förnöjer med sin vackra, vita fasad och vi promenerar förbi båtvarv och kolonistugor i lummig grönska men snart är det slut på det gröna och vi får nöja oss med att gå på en kajkant med nybyggda höghus i Hornsbergsområdet. Här kan den som vill avsluta promenaden tidigare vika av söderut och gå genom den nyanlagda Slottsparken till Kristinebergs T-bana. Glöm inte att ta en titt på Kristinebergs fina rokokomalmgård från 1700-talet på vägen!

Vi andra fortsätter längs strandkanten och försvinner så småningom under den bullriga Tranebergsbron i riktning mot Fredhäll. Nu väntar en fin men ganska svårframkomlig promenad längs stranden på bergshällar men med hjälp av trappor, ledstänger och promenadbryggor kan man ta sig fram ändå. Men ta på skor med grova sulor och gå inte här när det är halt! Utsikten är superb över Alviks Strand och Essingeöarna. Men håll för öronen när du passerar under Essinge-

Kristinebergs Malmgård visar sig från sin finaste sida.

Bergsklättring i liten skala.

Parkidyll på Lilla Essingen.

bron, oljudet är en pina!

En liten avstickare över till Lilla Essingen via Mariebergsbron är kanske en bra idé. Här har man förvandlat Elektrolux tidigare fabriksområde till ett attraktivt bostadsområde med fina kajer och parkområden. Om man håller sig på behörigt avstånd från Essingebron så är det riktigt trevligt att strosa runt här.

SOL OCH BAD MITT I STAN

Tillbaka på Kungsholmen väntar fler lummiga parker och bada kan man också göra här på Smedsuddsbadet. I Rålambshovsparken på andra sidan

Mälarpaviljongen erbjuder grönska, vattenblänk och förtäring.

Lilla Essingen på den lugna sidan.

Västerbron finns stora, härliga gräsytor att sola på och en amfiteater sörjer för underhållning under vackra sommarkvällar. Härifrån utgår ett långsträckt parkstråk som följer Norr Mälarstrand en liten bit från den livliga trafiken. Här kan man sitta ute på en brygga med träbänkar eller på ett av sommarcaféerna och njuta av utsikten över Riddarfjärden med Söder Mälarstrand och Riddarholmen som effektfull bakgrund.

För att komma tillbaka till tunnelbanan gläntar vi på träporten in mot Landstingsparken och tar en titt på det f.d. Garnisonssjukhuset. Det färdigställdes på 1800-talet som soldatsjukhus och ligger väl skyddat och omgivet av lummiga lövträd. Nu är det inte så långt kvar till Rådhuset. Följ bara Agnegatan norrut en liten bit så är du strax där!

Förkorta promenaden:
» Utnyttja T eller B nr 1

Förläng promenaden:
» Gå en tur på Lilla Essingen

RESTAURANGER

2. Karlbergsmässen
tfn 30 34 25

3. Piren
tfn 618 30 30 | www.piren-bar.se

4. Solstugan
tfn 656 80 85 | www.solstugan.com

6. Arigato Sushi | tfn 20 98 15

7. Papas Deli 7 | tfn 656 07 90

8. Lux | tfn 619 01 90
www.luxstockholm.com

10. Boulebar Rålambshov
tfn 714 04 20 | www.boulebar.se

11. Mälarpaviljongen | tfn 650 87 01
www.malarpaviljongen.se

12. M/S Gerda | 650 80 31
www.msgerda.se

13. Kungsholmen | 505 244 50
www.kungsholmen.com

CAFÉER

1. Café Mariedal (Länkarna)
tfn 618 34 56 | www.länkarna.se

5. Bageriet 1935
tfn 656 62 66

9. Kafé Kajak
tfn 738 06 00 | www.kafekajak.se

MUSEER

Tullmuseet | tfn 653 05 03
www.tullverket.se/museum

5. Bilfri citypromenad

En snitslad tur genom Citys gröna parker och livliga gågator

Start: Handelshögskolan
B 59 T Rådmansgatan

ca 7 km **ca 1,5 h** **ca 9 800** **Bitvis** **Nej**

Att kunna gå i mer än en timme i en citykärna utan att behöva komma i kontakt med störande trafik mer än marginellt är nog en ganska unik företeelse. Men detta kan Stockholm erbjuda.

Promenaden är inte så grön men ändå skön. Den följer Stockholms gågator, kantade av trivsamma restauranger och pubar och går genom några av Stockholms finaste parker.

BRUNKEBERGSÅSEN

Först ut är Observatorielunden som vi når via T-banestationen Rådmansgatan, utgång Handelshögskolan. Till höger tornar Stadsbiblioteket upp sig bakom stans största plaskdamm och uppe på krönet av Brunkebergsåsen ligger Observatoriet. Det byggdes på 1750-talet för astronomisk forskning och hyser idag ett observatoriemuseum. Brunkebergsåsen har indirekt gett namn åt stadsdelarna norr och söder om Gamla Stan. Malmar fick de heta efter den sandiga grusåsen eftersom ordet malm betyder just grusmark. I gångna tider var åsen mycket högre än idag eftersom den under årens lopp till stor del schaktats bort. Längs åsens krön har det så långt man kan minnas tillbaka i tiden gått en väg, där den viktigaste trafiken ledde norrut från staden. Idag ligger Malmskillnadsgatan här och skiljer Norrmalm och Östermalm ifrån varandra.

STOCKHOLMS HÖGSKOLA

Runt Observatoriekullen grupperar sig flera fina byggnader som utgjorde Stockholms Högskola mellan 1870-

Stadsbiblioteket speglar sig i spatiös plaskdamm.

> **Upptäck Johannes Kyrka, en undangömd klenod på hög höjd.**

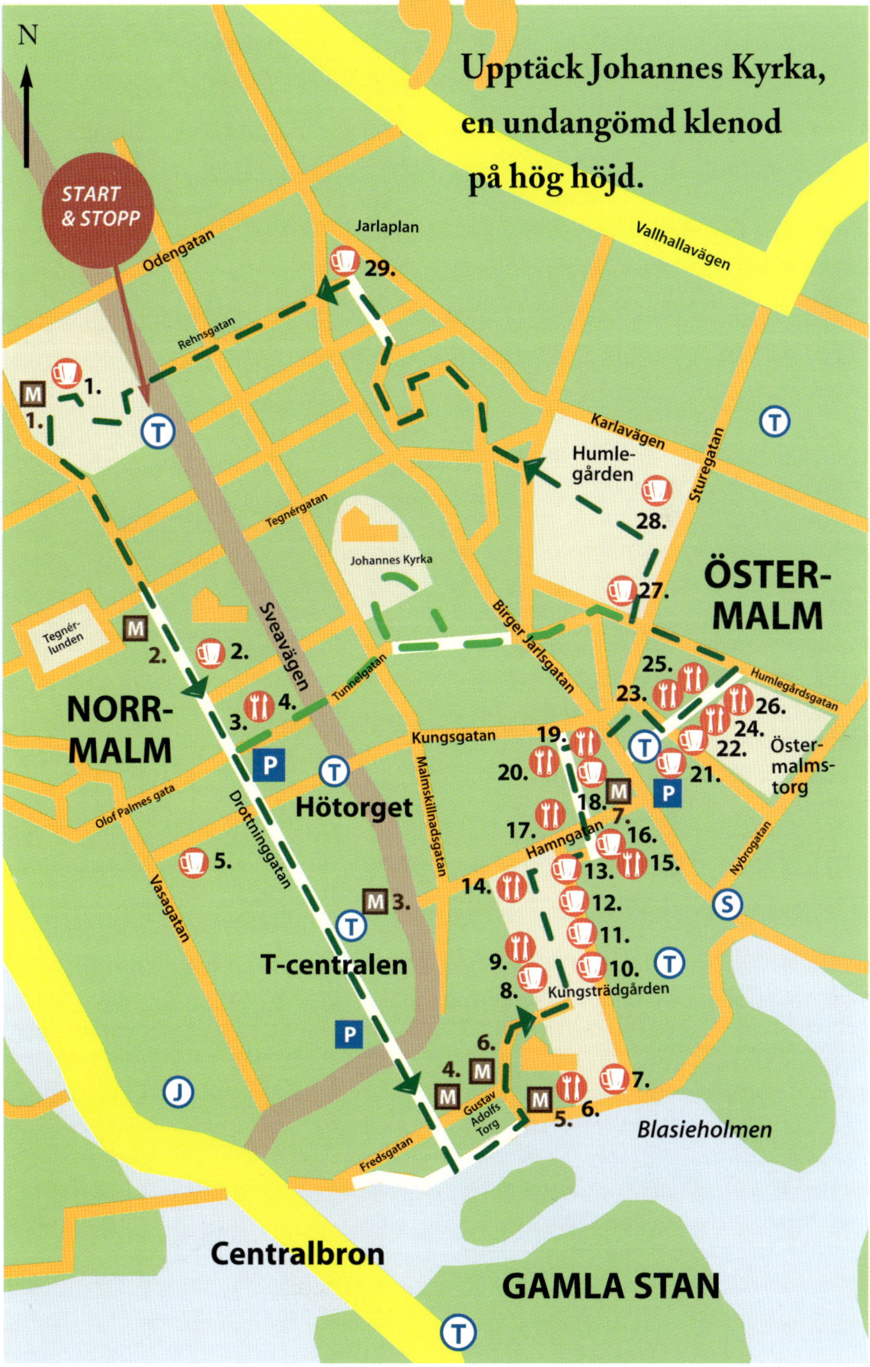

och 1970-talen. Vi släntrar ner för åsen och kommer ut på Drottninggatan, där några av högskolans gamla institutioner hade sina lokaler. I Spökslottet lite längre ner hade Högskolan sitt kansli och studenterna kunde njuta av en stunds avkoppling med en kopp kaffe i Spökparken. Spökslottet, ett privatpalats, som byggdes på 1600-talet har fått sitt namn efter en elak brukspatron, som bodde här en tid och påstås spöka i slott och trädgård.

Det var också på 1600-talet som Stockholm blev en maktsymbol för det nya Stormaktssverige. Stockholm utvidgades ut på malmarna och en rutnätsformad stadsplan ritades för Norrmalm, där Drottninggatan blev ett centrumstråk i den nya stadsdelen. Norrmalm befolkades snabbt och på 1700-talet förflyttades Stockholms Centrum hit och många ståtliga palats och institutionsbyggnader uppfördes här.

Två stora rivningsvågor har drabbat Norrmalm. Dels i slutet av 1800-talet, då en stor del av den gamla 1700-talsstaden försvann och dels i mitten av 1900-talet, då man ville riva all slum och bygga en helt ny och modern stadskärna. Drottninggatan, liksom i stort sett alla andra gator, drabbades hårt. Men höjer man blicken en aning ovanför alla frestande restauranger och butiker, kan man glädja sig åt flera vackert renoverade fasader från gångna sekel.

Avnjut en Biff Rydberg i stimulerande författarmiljö.

STRINDBERG GÖR SIG PÅMIND

I det blå tornet på Drottninggatan 85 bodde Strindberg mellan åren 1908 och 1912. Idag är bostaden ett museum och även på själva Drottninggatan blir man påmind om författaren. Flera av hans kända citat finns att läsa, dekorativt inlagda i gatans mitt. Längs gatan ligger flera ståtliga byggnader, bl.a. Westmanska Palatset och Hårlemanska Huset med en härlig innergård, en rofylld oas med uteserveringar, vattendamm och skulpturer. Centralbadet i genuin Jugendstil gränsar även det till gården.

Nu är vi alldeles strax framme vid Kungsgatan och efter den blir Drottninggatan en ren shoppinggata

Koppla av med en lunch i svalkande lund.

med moderna, ganska tråkiga fasader ända tills vi närmar oss Gamla Stan, där gatan återigen kantas av äldre byggnation. Idag är Drottninggatan, liksom på 1600-talet ett centrumstråk. Här är alltid fullt med folk, som strosar fram på den bilfria gatan, pigga på shopping och caféliv.

NORRSTRÖM

När vi närmar oss Norrström kantas gatan av stora f.d. bankpalats som byggdes kring sekelskiftet då framtidstron i bankvärlden var stark. Idag har flera departement flyttat in i de forna banklokalerna.

Nere vid kajen mot Gamla Stan ligger Rosenbad, som inrymmer Regeringskansliet. Som nära granne ligger Arvfurstens Palats från 1700-talet som huserar Utrikesdepartementet. Vi viker av mot Gustav Adolfs Torg, Stockholms absoluta mittpunkt och beundrar operahuset, passerar Jakobs Kyrka och sneddar upp genom Kungsträdgården.

EN KUNGLIG KÖKSTRÄDGÅRD

Om vi hade kommit förbi här på medeltiden hade vi mötts av en bastant mur med tunga järnportar som definitivt stängt oss ute från den kungliga trädgård, som då fanns här. Från början var det en ren köksträdgård som försåg kungafamiljen och hovet med grönsaker och frukt för att senare förvandlas till mer av en lustgård. Främmande träd och örter planterades i parken och fontäner förnöjde med sitt vattenspel.

Det var först på 1700-talet som allmänheten fick tillgång till Kungsträdgården och i flera av Bellmans sånger ges livliga skildringar av hur man roade sig i parken på den tiden. Några av våra kungar har fått stå staty i parken och idag hittar vi Karl XII i parkens södra del och Karl XIII i den norra. Elakt förtal säger att "här står ett lejon omgivet av krukor och en kruka omgiven av lejon". Mitt emellan statyerna, i parkens mitt, placerades Molins Fontän år 1873, ett konstverk i brons, som utgör ett dekorativt inslag i parken.

CENTRUM FÖR STOCKHOLMS KROGLIV

En annan park når vi om vi går in på Näckströmsgatan, som mynnar ut i Berzelii park, en liten klenod med ett stort nöjespalats. Här ligger nämligen Berns Salonger, som spelat en stor roll i Stockholms nöjesliv med musikunderhållning och varietéer under

Drottninggatans shoppingstråk i rusningstid.

Stadsministerlya med drömläge längs strid ström.

årens lopp.

Vår promenad fortsätter norrut över Norrmalmstorg till Biblioteksgatan, som mynnar ut i Stureplan. Här kan vi titta på konstverket ”den böljande muren” som fått symbolisera den lilla å som i gångna tider förband Brunnsviken med Nybroviken. Norr härom låg också en ganska stor sjö, Träsket, som täckte stora delar av Östermalm. Men idag är sjön utdikad, ån övertäckt och Stureplan har blivit en av stadens mest populära mötesplatser med ”Svampen” i dess mitt som effektivt regnskydd.

Flera krogar ligger också här i krokarna som lockar med god mat i trivsamma miljöer. Om Stureplan är en populär samlingspunkt är Stureggallerian inte mycket sämre. Den har blivit Stockholms chickaste köptempel med många märkesbutiker.

Här ligger dessutom det anrika Sturebadet från 1885 i härlig anno dazumal miljö samt flera krogar och caféer. Väl ute på andra sidan gallerian fortsätter butiksutbudet på Grev Turegatan och restaurangerna breder sommartid ut sig på den bilfria gågatan.

Gustav II Adolf blickar ut över sin stad.

TRE PARKER TILL

Om vi viker av västerut på Humlegårdsgatan kommer vi till Humlegården med Kungliga Biblioteket, en monumental byggnad från 1870-talet. På samma sätt som Kungsträdgården levererade livsmedel till kungahuset fick Humlegården en liknande uppgift. På 1600-talet anlades här en trädgård där det odlades frukt, kryddor och humle till det kungliga hushållet. Så småningom blev även denna trädgård mer parklik. Man planterade många olika slags träd och på 1800-talet fick parken sin nuvarande utformning med promenadgångar kors och tvärs mellan gräsmattor och skuggande träd.

På våren visar sig Humlegården från sin allra bästa sida. Då blommar hundratusentals lökväxter på gräsmattor och i rabatter och hela Floras Kulle är alldeles blå av den rikt blommande scillan.

Humlegården har ett omväxlingsrikt förflutet. Här har funnits tivoli, djurpark, karuseller, dansbanor och värdshus och så har man haft teaterföreställningar i Rotundan, en paviljong som drottning Ulrika Eleonora lät bygga redan på 1600-talet.

Vi sneddar över Humlegården, viker in på Stenbocksgatan och kommer så småningom fram till Eriks-

Jakobs Kyrka i originell originalfärg.

Lunchrusch på Stureplan med sittplats på ”böljande mur”.

Caféidyll i Kungsträdgården.

bergsparken. Parken, som gränsar till Timmermansordens pampiga byggnad, ser nästan ut som en palatsträdgård, värdig denna placering. Den består av en stor terrass med fontän i mitten, omgiven av vackra planteringar, en stor kontrast till det användningsområde platsen hade i gångna tider. Ända fram till 1857 ägde nämligen offentliga bestraffningar rum på Träsktorget som då låg här.

Vi går vidare förbi Borgarskolan mot Jarlaparken, som anlades på 1930-talet. Här står Ellen Key staty bland planteringar, skuggande träd och en fin damm i marmor.

Härifrån leder oss Rehnsgatan tillbaka till Observatoriekullen, där turen började.

M MUSEER

1. **Observatoriemuseet**
   tfn 545 483 90 | www.observatoriet.kva.se
2. **Strindbergsmuseet**
   tfn 411 53 54 | www.strindbergsmuseet.se
3. **Kulturhuset, tfn 508 315 08**
   www.kulturhuset.stockholm.se
4. **Medelhavsmuseet**
   tfn 519 553 80 |
   www.medelhavsmuseet.se
5. **Kungliga Operan**
   tfn 791 44 50 | www.operan.se
6. **Dansmuseet**
   tfn 441 76 50 | www.dansmuseet.se
7. **Hallwylska Museet**
   tfn 402 30 99 | www.hallwylskamuseet.se

Barnens favoritmål – Kungsträdgårdens vattenhål.

RESTAURANGER

3. Rydbergs Bar & Matsal
   tfn 20 62 87
   www.rydbergs.gastrogate.com
4. Centralbadets Servering
   tfn 24 10 81 | www.centralbadet.se
6. Operakällaren
   tfn 676 58 00 | www.operakallaren.se
9. Victoria
   tfn 21 86 00 | www.vickan.nu
14. Fridays
    tfn 10 06 26 | www.fridays.se
15. Berns Salonger
    tfn 566 327 66 | www.berns.se
17. Zanzibar | tfn 678 72 72
19. Prinsen | tfn 611 13 31
    www.restaurangprinsen.com
20. Zink Grill
    tfn 611 42 22 | www.zinkgrill.se
23. Tures
    tfn 611 02 10 | www.tures.se
24. Grodan
    tfn 679 61 00 | www.grodan.se
25. Ett litet hak
    tfn 660 13 09 | www.ettlitethak.se
26. Aberdeen | tfn 660 50 66

Tures, ett av Grev Turegatans alla populära matställen.

CAFÉER

1. Kafé Himlavalvet
   tfn 31 40 41 | www.observatoriet.kva.se
2. Citykonditoriet
   tfn 534 807 20 | www.citykonditoriet.com
5. Vetekatten
   tfn 20 84 05 | www.vetekatten.se
7. Tehuset | tfn 20 08 61
8. Café Söderberg
   tfn 21 74 75 | www.cafesoderberg.se
10. Café Piccolino | tfn 611 78 08
11. Catalana | tfn 611 68 58
12. P2 Wook | tfn 611 63 42
13. Baretto | tfn 611 27 27
16. Bistro Berns
    tfn 566 325 15 | www.berns.se
18. Wienerkonditoriet
    tfn 611 21 16 | www.wienerkonditoriet.se
21. Sturekatten
    tfn 611 16 12
22. Fresco | tfn 611 80 01
27. Restaurang Humlegården
    tfn 545 076 56 | www.spymlan.se
28. Debaser
    tfn 611 44 00 | www.debaser.se
29. Café Birger
    tfn 20 97 40

Förkorta promenaden:

» Utnyttja T eller B nr 1, 2, 59

» Gå genom Brunkebergstunneln eller ovanpå mellan Drottninggatan och Birger Jarlsgatan via Olof Palmes Gata och Tunnelgatan

6. Gamla Stan i tid och rum

En resa långt tillbaka i historien – det var här det började

Start Ⓣ **Gamla Stan**
Uppgång: Riddarholmen

ca 4 km | 45 min | ca 5 600 | Nej | Nej

För 1000 år sedan var platsen för Gamla Stan en ganska liten ö som inte utmärkte sig mer än andra öar i Mälaren – förutom det strategiska läget.

I takt med landhöjningen hade alltfler segelleder in i Mälaren från Saltsjön, skurits av och förutom farleden vid Södertälje återstod till sist bara Stocksundet vid Stockholmen. Mälardalen

Mälardrottningen håller hov framför Riddarnas holme.

var ett rikt och bördigt landskap som var åtråvärt för inkräktare från andra sidan Östersjön och i behov av skydd. Därför uppförde man ett vakttorn i nordöstra hörnet av Stockholmen samt en pålspärr som underlättade försvaret av Mälardalen och även själva holmen som efterhand började bebyggas.

STOCKHOLMS GRUNDANDE

Ingen vet med bestämdhet när staden Stockholm grundades. Kanske var det 1187 enligt ett dokument från 1420 eller så var det 1252, då staden nämndes för första gången i ett brev från Kung Valdemar till sin far Birger Jarl.

Säkert är i alla fall att det under den här tiden rådde en febril verksamhet på ön Stockholmen och att Birger Jarl spelade en stor roll i sammanhanget. Försvarsanordningarna förstärktes både i vattnet och uppe vid vakttornet. En mur byggdes och fler torn kom till och snart blev det ett helt slott, Tre Kronor.

Att Stockholm fick ett sådant uppsving just nu hade samband med den tyska handelsexpansionen i hela Östersjöområdet, vilket resulterade i en handelstraktat mellan Lübeck och Birger Jarl 1251. Snart var Stockholm mer tyskt än svenskt och det har satt sina spår. Man gjorde bl.a. en kopia av Lübeck i planläggningen av staden. Kyrka, rådhus och torg placerades på exakt samma sätt i Stockholm, omgivna av gator och gränder.

STADEN VÄXER

Den första bebyggelsen koncentrerades kring Stortorget och försvarades av en ringmur av trä men på 1400-talet blev kostymen för liten och trämuren ersattes av två murar av sten vid vattenlinjen. Här nere anlades nya hamnar som kunde hantera den ökande handeln över Östersjön och Stockholm utvecklades till den viktigaste handelsstaden i området med sitt strategiska läge mellan Mälaren och Saltsjön.

Från Bergsslagen kom järn, tjära och koppar för omlastning och vidare transport på Hansans koggar söderut och från Tyskland importerades bl.a. det åtråvärda saltet. Stockholm växte och blomstrade. Den torftiga och eldfängda träbebyggelsen ersattes efterhand av finare hus i sten och på 1600-talet antogs en ny stadsplan efter en omfattande brand. Det var nu som Gamla Stan, så som vi känner den idag, tog form.

Högadeln drogs till Stockholm och byggde sig fina palats på Stads-, Riddar- och Blasieholmarna samt på Norrmalm. Stockholm fick ett helt nytt ansikte utåt, precis så som det anstod en huvudstad under Stormaktstiden.

PROMENAD I EN MEDELTIDA STENSTAD

Låt oss ta oss en tur bland Gamla Stans gator och gränder och upptäcka att det inte har hänt särskilt mycket här under de senaste 300 till 400 åren. Jo, det förstås. Under marken har det hänt en hel del och nya vägar har byggts. Vi har fått vatten, avlopp, el, bredband och tunnelbana. Infrastrukturen har m.a.o. förbättrats.

Medeltidens Stockholm var inte den sundaste platsen att bo på med stinkande avföring som rann nedför backarna mot vattnet och grisar och höns som gick runt och bökade och pickade. Så låt oss tänka på det när vi idag torrskodda travar fram bland gränderna och tittar upp mot de vackert renoverade husfasaderna.

Fina vyer från Evert Taubes terrass över Riddarfjärden.

Birger Jarls torn – Stockholms äldsta byggnad – en hörnsten i Stockholms försvarsverk.

RIDDARHOLMEN

Från tunnelbanan går vi västerut i en tunnel under trafikled och tågspår och kommer fram till Riddarfjärden. Här väntar en fin utsikt över Söders höjder, Riddarholmen och Norr Mälarstrand.

Vi viker av norrut och tar oss en titt på Riddarholmen, en ö som vi nästan glömt av, så illa avskuren som den är idag av den förskräckliga Centralbron. Men ett besök här lönar sig. På medeltiden hette ön Gråmunkeholmen efter ett franciskanerkloster som grundades här på 1200-talet. Från munkarnas tid härstammar Riddarholmskyrkan som använts som kunglig begravnings- och ceremoniplats allt sedan dess.

Ett annat gammalt landmärke är Birger Jarls torn som Gustav Vasa lät uppföra på öns nordvästra sida som

Riddarhuset – adelns högborg.

ett led i stadens försvar. Runt Birger Jarls Torg grupperar sig flera fina 1600-talspalats, privatbostäder för högadeln på den tiden men som nu intagits av diverse statliga verk.

Det första huset vi ser på vår promenad är Hebbeska Huset sammanbyggt med det gamla riksdagshuset. Sedan går vi förbi Sparreska Palatset som har kvar mycket av sin 1600-talskaraktär och därefter Kammarrättens Hus i nyantik stil.

Vid kajen ligger f.d. Barbara Huttons lustyacht förtöjd med hotell och restaurang ombord. Om vi sedan lyfter blicken inåt ön ståtar Wrangelska Palatset med två runda torn på en hög avsats. Det var det största palatset i Stockholm på 1600-talet och ägdes av fältherren Gustav Wrangel.

Vi passerar gamla auktionsverket, rundar Birger Jarls Torn och slinker in genom en port och går uppför trapporna till Birger Jarls Torg omringat av de gamla 1600-talspalatsen som överglänser varandra i prakt och elegans. Här har många framstående svenskar bott, bl.a. riksrådet Fredrik Stenbock, arkitekten Carl Gustav Tessin, ståthållaren Schering Rosenhane och riksrådet Erik Sparre m.fl.

Titta gärna in i Riddarholmskyrkan och se gravkoren, där Sveriges kungligheter ligger begravda. Nästan alla kungar, drottningar och kungabarn passerar revy och det är som att gå runt i en historiebok.

ÖVER TILL HELGEANDSHOLMEN

Efter Riddarholmsbron kan vi beundra det vackra Riddarhuset från alla håll om vi går ner på Riddarhuskajen. Härifrån har vi sedan utsikt mot Riksdagshuset på Helgeandsholmen som vi går runt längs Norrström och Stallkanalen.

Den vackraste vyn över de tre palatsen Rosenbad, Sagerska Palatset och Arvfurstens Palats har vi just från Helgeandsholmen med Norrström som klädsam förgrund. Vi fortsätter

över Norrbro och kommer ner till Strömparterren, där Carl Milles staty Solsångaren hälsar solens uppgång i öster. Härifrån ser man inte bara soluppgången utan även operahuset, de pampiga husen på Blasieholmen och alla skärgårdsbåtar som ligger vid Strömkajen.

Vänder vi på klacken ser vi ingången till Medeltidsmuseet som sträcker sig in under Riksplan och kan visa upp intressanta utgrävningar från medeltiden.

SLOTT, AFFÄRSGATOR OCH INTRESSANTA MUSEER

Promenaden går vidare längs Stallkanalen och på andra sidan imponerar

Uteserveringarna i Gamla Stan har fullt upp.

Kungliga Slottet ovanför Lejonbacken. Har vi tur kan vi få se vaktparaden paradera på Yttre Borggården sedan vi forcerat trapporna upp mot Högvaktsterrassen. Här reser sig Storkyrkan framför oss och inbjuder till ett besök. Den äldsta bilden av Stockholm, Vädersolstavlan, finns bevarad inne i kyrkan och ger oss en uppfattning om hur staden såg ut på 1500-talet. Här inne finns också den medeltida skulpturgruppen S:t Göran och Draken som symboliserar segern över danskarna vid slaget vid Brunkeberg 1471.

Vi släntrar ner för Slottsbacken och tittar ut över Norrström med Gustav III:s staty i förgrunden. Här runt Slottsbacken slåss inte mindre än fyra museer om vårt intresse. Först och främst har vi slottet, som också härbärgerar Livrustkammaren och Museum Tre Kronor, och på andra sidan backen ligger Kungliga Myntkabinettet.

Nu ska vi gå in på Österlånggatan och sedan följa Västerlånggatan som båda låg strax utanför den gamla trämuren på medeltiden. Västerlånggatan var dessutom den viktigaste vägen mellan Södermanland och Uppland. Dessa båda gator är idag likaväl som på medeltiden livliga affärsgator men utbudet är förstås olika. Nu samsas gallerister, konsthantverkare och boutiquer om utrymmet, där det tidigare fanns handelsbodar för båttillbehör, skomakare, skräddare, slaktare etc.

Krogar fanns förstås då som nu men idag finns det så många restauranger i Gamla Stan att man knappt kan räkna dem alla. Glöm inte att höja blicken över de frestande skyltfönstren och beundra de gamla husfasaderna som alla kan vittna om det förflutna. Ankarslutarna, de svarta järnkramporna som håller samman de olika byggnadsdelarna, kan t.ex. tala om hur gammalt murverket är och ut-

Krogar fanns förstås då som nu men idag finns det så många restauranger i Gamla Stan att man knappt kan räkna dem alla.

Stockholms absoluta medelpunkt sedd från Helgeandsholmen.

Beridna Högvakten showar på slottets borggård.

smyckningar runt portar och fönster kan ofta ge en vink om vad huset en gång använts till.

GAMLA STANS HJÄRTA

Från Västerlånggatan viker vi av t.h. in på Tyska Brinken, passerar Tyska Kyrkan och kommer strax fram till Brända Tomten, ett rart, litet torg med vackra hus och grönska. Därifrån svänger vi in på Köpmangatan, den viktigaste affärsgatan på medeltiden, som leder upp till Stortorget, Gamla Stans kärna och maktcentrum.

Vid torget låg rådstugan varifrån tyskar och svenskar gemensamt styrde huvudstaden. Gå ut på torget, Stockholm äldsta, och lyft blicken mot de vackra gavelhusen mot väster som riktigt tävlar med varandra i skönhet. Dyk sedan ner i den mörka Kåkbrinken, en av alla de gränder som det vimlar av i gamla Stan och som alla har en egen historia att berätta. Kåkbrinkens historia är kanske inte särskilt rolig. Längst nere vid vattnet låg kåken, en enkel träbyggnad med skampåle på taket, där lagbrytare fick stå och skämmas i halsjärn, bli pryglade eller t.o.m. avrättade.

Här avslutas vår promenad och har vi inget att förebrå oss bör vi klara oss undan skampålen och helskinnade ta oss ner i tunnelbanan.

M MUSEER

1. **Stockholms Medeltidsmuseum**
   tfn 508 317 90
   www.medeltidsmuseet.se
2. **Kungliga Slottet**
   Museum Tre Kronor
   Skattkammaren
   Gustav III:s Antikmuseum
   tfn 402 61 30 | www.kungahuset.se
3. **Livrustkammaren**
   tfn 402 30 30
   www.livrustkammaren.se
4. **Kungliga Myntkabinettet**
   tfn 519 553 04 | www.myntkabinettet.se
5. **Nobelmuseet**
   tfn 53481800
   www.nobelmuseet.se
6. **Forum för levande historia**
   tfn 723 87 68 | www.levandehistoria.se
7. **Postmuseet**
   tfn 781 17 55
   www.postmuseum.posten.se

CAFÉER

2. Café Riddarholmen ....

11. Sundbergs Konditori .....
tfn 10 67 35

13. Grillska Husets Café ....
tfn 787 86 05 | www.stadsmissionen.se

14. Bistro Nobel ....
tfn 534 818 12 | www.nobelmuseet.se

15. Mäster Olofs Kafé ....
tfn 20 04 30 | www.masterolofsgarden.se

18. Kaffe- och Chokladkoppen ..
tfn 20 31 70

20. Café Sten Sture ....
tfn 20 06 50 | www.cafestensture.se

21. Kaffegillet ....
tfn 21 39 95

RESTAURANGER

1. Mälardrottningen ....
tfn 545 187 80
www.malardrottningen.se

3. Leijontornet ....
tfn 506 400 84(86) | www.leijontornet.se

4. Cattelin ....
tfn 20 18 18 | www.cattelin.com

5. Paviljong under uppförande ..
öppnar under våren 2012

6. Myntkrogen ....
tfn 10 45 90 | www.myntkrogen.se

En mängd restauranger och caféer hittar du längs Österlång- och Västerlånggatorna.

7. Fem små hus ....
tfn 10 04 82 | www.femsmahus.se

8. Le Rouge ....
tfn 505 244 30 | www.lerouge.se

9. Magnus Ladulås ....
tfn 21 19 57 | www.magnusladulas.se

10. Den Gyldene Freden ....
tfn 24 97 60 | www.gyldenefreden.se

12. Mårten Trotzig ....
tfn 442 25 30 | www.martentrotzig.se

16. Stortorgskällaren................
tfn 10 55 33 | www.stortorget.org

17. Misteln ....
tfn 20 00 58

19. De svarta fåren ....
tfn 20 06 71 | www.desvartafaren.se

Folkliv på Stortorget.

Fascinerande väderfenomen över Stockholm 1535, fångat av Urban målare. Kopia från 1600-talet hänger i Storkyrkan.

Dagens Stockholm fångat från Urban målares position från sitt staffli på Söders höjder.

Gustav Vasas Stockholm är förevigat med en färgstark illustration på 1000-kronorssedeln.

7. Tre holmar med skepps-byggartradition

En grön oas som sluppit undan rivningsvågen

Start Ⓣ **Kungsträdgården**
Uppgång: Arsenalsgatan

ca 4 km | ca 45 min | ca 5 600 | Ja | Nej

Från att under tidig medeltid ha varit en ren idyll med betande kossor, får och bördig åkermark, blev öarna från 1500-talet till 1900-talet skådeplats för en slamrande skeppsbyggnation. Detta för att återigen under se-

Trivsam ljusgård med god lunchbuffé i Nationalmuseet.

Dags för kanotfärd på Strömmen.

Finaste vyn över Skeppsbron från Skeppsholmen.

Paradiset – Niki de Saint Phalle är på lekhumör.

nare delen av 1900-talet återfå en del av sin lugna atmosfär om än i en annan form.

IDELIGA NAMNBYTEN

Holmarna fick namn som Vångsön, Notholmen eller Lustholmen m.m. allt efter användningsområde. Vång står för gärde och det fanns fina betesmarker på Skeppsholmen, alltså fick holmen heta Vångsön. Senare byggde Gustav Vasas söner ett lustslott här och vips så började man kalla ön för Lustholmen. På Kastellholmen drog man not efter strömming och nors, alltså blev ön döpt till Notholmen. Kanske det är dags att döpa om Skeppsholmen till Kulturholmen nu på 2000-talet för det var länge sedan man byggde skepp här.

Men låt oss inte gå händelserna i förväg utan börja på 1600-talet när ön verkligen gjorde skäl för namnet.

EN ÖRLOGSFLOTTA BLIR TILL

När örlogsflottan flyttade till Skeppsholmen på 1640-talet hade den redan drygt 100 år på nacken. I början såg den inte mycket ut för världen och kunde förtöjas vid bryggan nedanför kungliga slottet. Den bestod då av ett antal hansaskepp som Gustav Vasa köpt från Lübeck och låtit rusta upp och bestycka med kanoner.

Med tiden utökades verksamheten och flottan flyttades över till Blasieholmen där man förutom nödvändiga varvsanläggningar byggde både kyrka och amiralitetshus. Till slut blev utrymmet för litet och verksamheten allt bullrigare och stökigare. Drottning Kristina kände sig alltmer störd av röran på andra sidan vattnet och lät förflytta varvet till östra sidan av Skeppsholmen. Här fanns gott om plats och man byggde först en bro över till ön och sedan uppfördes efter hand amiralitetshus, torkhus för tågvirke, styckekran, repslagarbana m.fl. byggnader.

Ute på Kastellholmen placerades en stor mastkran och högst uppe på berget vaktade ett åttkantigt kastell i trä med kanongluggar. Här uppe vajar sedan dess den tretungade örlogsflaggan och markerar tiden för hissning och halning för de fartyg som ligger ute på Strömmen.

VARVSOMRÅDET BREDER UT SIG

Flottans första tid på ön blev kort. Redan efter 40 år flyttades verksamheten till Karlskrona eftersom det var mer isfritt där och fienden Danmark

Vackra vyer över Stockholms holmar och Mälarens vatten.

låg närmare till. Men år 1715 var det dags igen. Krig och hotfulla grannar gjorde det nödvändigt att upprätta en ny galärflotta i Stockholm. Man byggde fler galärer på Skeppsholmen och varvsområdet bredde ut sig över vattnet ända till Djurgården. De byggnader som redan fanns på ön byggdes om och till och fler tillkom efter hand.

De olika byggnadernas användningsområde växlade under årens lopp. Så har t.ex. repslagarbanan även varit stall för Karl XII:s drabanters hästar, ammunitions- och redskapsskjul, lejon- och tigerhärbärge och nu residerar här Östasiatiska Museet.

De flesta husen på öarna är från 1600- till 1800-talen och framför allt i början av 1800-talet tillkom många nya byggnader, som till största delen ritades av arkitekten Fredrik Blom. Amiralitetshuset, Skeppsholmskyrkan, Exercishuset, Båtsmanskasernen och det nya kastellet m.fl. byggnader är alla uppförda efter hans ritningar.

KULTUREN ETABLERAR SIG PÅ ÖARNA

I drygt tre århundraden huserade flottan på öarna och området var under stora delar av denna tid mer eller mindre stängt för allmänheten. En stor förändring skedde i samband med att örlogsverksamheten flyttade till Muskö 1969. Nu stod plötsligt många fina, gamla byggnader tomma i en härlig miljö mitt i stan. Och, vad skulle man göra med dem? Tidigare vilda planer på att riva hela rasket, plana ut och slå samman öarna och bebygga dem med höghus blev som tur var aldrig av.

Kastellet håller utkik från holmens högsta topp.

I stället har man varsamt renoverat de gamla husen och de har efter hand fått nya funktioner.

Man kan faktiskt säga att kulturen etablerat sig på öarna. På Blasieholmen ligger t.ex. Nationalmuseet och på Skeppsholmen kan man ståta med hela tre museer, Moderna Museet, Arkitekturmuseet och Östasiatiska Museet. I övrigt utnyttjas husen av Konsthögskolan, Folkhögskolan och diverse andra institutioner för forskning och utbildning.

FINA VYER FRÅN GAMMAL JÄRNBRO

En lämplig start på en skön promenad runt de tre holmarna är att åka tunnelbana till Kungsträdgården och gå ner mot Blasieholmshamnen därifrån. Vi går förbi Grand Hotel och Nationalmuseet och ser de hundraåriga, gamla ångbåtarna ligga förtöjda vid kajen och vänta på turister som vill uppleva Stockholms Skärgård och går sedan över den "nya" Skeppsholmsbron i järn som 1862 ersatte den gamla träbron.

Här stannar vi till ett tag och super in de fina vyerna som omger oss åt alla håll. Rakt fram flankeras Amiralitetshuset av Skeppsholmskyrkan och Högvakten till vänster samt den gamla fullriggaren Af Chapman till höger. Bakom skeppet skymtar Söders höjder och Skeppsbron i Gamla Stan visar sig från sin allra bästa sida just härifrån. Vi går bort mot Af Chapman, som numera används som vandrarhem och fortsätter längs kajen mot Kastellholmen. På vägen passerar vi Konsthögskolan och Sjökrigsskolan, båda ståtliga byggnader från 1800-talets senare del.

KASTELLHOLMEN

På andra sidan Kastellholmsbron ser vi skridskopaviljongen, som Oscar II:e använde som omklädningsrum och klubblokal i samband med skridskofärder på Nybroviken.

Vi strävar uppför Kastellbacken och har snart kastellet framför oss högst uppe på berget. Den nuvarande byggnaden uppfördes efter en explosion 1845 i ett krutlager som härbärgerats i det gamla kastellet. Här uppifrån har man en grandios utsikt över Djurgården med Beckholmen och Gröna Lund i blickfånget.

Vi släntrar ned för backen på andra sidan kastellet och kommer ner till kolskjulet. Det byggdes i samband med att flottan övergick från segel- till ångmaskindrivna fartyg i mitten av 1800-talet och var i behov av ett rejält kolmagasin.

Strax intill kolskjulet ligger Briggen Tre Kronor förtöjd och för-

Båtar från all världens länder med spännande förflutet.

nöjer. Vi rundar udden och går förbi några gamla boställen, som fungerat som bostäder för anställda vid flottan men också som sjukhem och krog.

SPÄNNANDE BÅTAR KITTLAR FANTASIN

Efter bron går vi till höger och framför oss ser vi Drabanthusen eller Långa Raden, som de hus som ursprungligen byggdes för Karl XII:es drabanter också kallas. Men drabanterna var ute i fält när husen stod färdiga, så man utnyttjade i stället utrymmena till sjuk- och fattighus.

Nu är vi snart framme vid Östra Brobänken och här ligger, liksom förr, mängder av skepp förtöjda längs kajen. Man kan tänka sig att det var mer liv och rörelse här förr i tiden när varvsverksamheten var i full gång. Idag går det lugnare till och man kan njuta av att titta på fartyg från all världens länder som nu ligger här för ankar och t.o.m. har skyltar som beskriver deras brokiga historia.

Om vi kastar en blick upp mot ön innan vi rundar udden, kan vi se Moderna Museet med sin fina restaurangterrass. Därifrån kan man zooma in, från vänster till höger, Strandvägen med sina fina sekelskifteshus och Djurgården med Nordiska Museet, Astrid Lindgrens Junibacken och Vasamuseet.

PAMPIGA HUS PÅ BLASIEHOLMEN

På vägen tillbaka till tunnelbanan går vi in bakom Nationalmuseet och vidare genom Museiparken till Blasieholmsgatan. Både här och längs hela Blasieholmens kajer, ligger några palatsliknande hus som började byggas redan på 1600-talet. I början av detta århundrade växte Stockholms befolkning kraftigt och man fick söka sig ut på malmarna för att hitta en bostad. Men på den tiden ansågs det inte fint att bo här, så kända adelssläkter uppmuntrades att slå ner sina bopålar längs stränderna mot Gamla Stan för att förbättra malmarnas rykte. Och bättre läge hade väl varit svårt att hitta. Snart speglade sig vackra palats i vattnet och familjerna Fersen, Douglas och Bååt m.fl. flyttade in i ståndsmässiga bostäder på Blasieholmen.

Under senare århundraden följde rika borgare efter och nu finns flera pampiga hus att beskåda på holmen. Speciellt fint är det på Blasieholmstorg som kanske är Stockholms vackraste torg. Det inramas bl.a. av Bååtska Palatset, Fersenska Palatset och Utrikesministerhotellet. På var sin sida om torget står två dekorativa bronshästar, kopior av de 2000 år gamla hästarna från Konstantinopel som nu finns på St. Marcusplatsen i Venedig.

Om man placerar sig i det sydvästra hörnet av torget (och inte ser huset bakom) kan man nästan tro att man har förflyttats till södra Europa.

Tunnelbanestationen ligger nu till vänster bakom hörnet och promenaden lider mot sitt slut.

Förkorta promenaden:

» Utnyttja B 65 eller F

Långa raden har blivit restaurang.

MUSEER

1. Nationalmuseum
   tfn 519 543 00 | www.nationalmuseum.se
2. Arkitekturmuseet
   tfn 587 27 000 | www.arkitekturmuseet.se
3. Moderna Museet
   tfn 519 552 00 | www.modernamuseet.se
4. Östasiatiska Museet
   tfn 519 557 50 | www.ostasiatiska.se

CAFÉER

5. Skeppsholmens Krogkonst ....
   tfn 611 99 89 | www.krogkonst.se
8. Café Blom (Arkitekturmuseet).
   tfn 519 562 91 | www.monumat.se

RESTAURANGER

1. Grand Hotel ....
   tfn 679 35 86 | www.grandhotel.se
2. Lydmar Hotel ....
   tfn 598 846 20 | www.lydmar.com
3. Atrium (Nationalmuseet) ......
   tfn 611 34 30 | www.restaurangatrium.se
4. Harökrog Nordens Ljus ....
   tfn 611 49 20 | www.harokrog.se
6. Af Chapman | tfn 463 22 66
   www.svenskaturistforeningen.se
7. Hotel Skeppsholmen ....
   tfn 407 23 00
   www.hotelskeppsholmen.com
9. Restaurang Moderna Museet..
   tfn 519 562 91 | www.monumat.se
10. Hjerta ....
   tfn 611 41 00 | www.restauranghjerta.se

8. Djurgårdsbrunnsviken runt

Charmiga trähus, praktfulla högreståndshus och intressanta museer passerar revy på trivsam strandpromenad

Start: Djurgårdsbron (S) (B) **44, 69, 76**

ca 5 km | ca 1 h | ca 7 000 | Ja | Ja

Djurgårdsbron, där vi börjar vår promenad, är faktiskt inte bara en bro utan ett konstverk i sig. Den invigdes år 1897 till Konst- och Industriutställningen som bredde ut sig längs Djurgårdsbrunnsviken och på Lejonslätten.

Fyra ståtliga statyer, som föreställer våra gamla asagudar, Tor, Freja, Heimdal och Frigga, pryder brons fyra hörn. På södra sidan bron går vi till vänster, passerar genom den Blå Porten och kommer strax fram till Carl Eldhs staty av gluntarvisornas Gunnar Wennerberg.

Strax därefter till höger skymtar den första byggnaden fram på vår promenad, en riktig praktvilla, som en gång var i korkfabrikör Wikanders ägo.

VÄRDSHUS OCH SKULPTURER

Lite längre fram ligger de båda värdshusen Godhem och Ulla Winbladh. Ulla Winbladh är en kvarleva från utställningen 1897, liksom Skånska Storindustrins Paviljong lite längre bort längs vägen. Om vi examinerar paviljongen lite närmare upptäcker vi en brokig fasad med olika tegel- och kakelmönster och bakom murarna dolde sig en fejkad gruva med hiss och djupt bergsschakt. Ett PR-jippo anordnat av de skånska industriföretagen på den tiden.

Blå porten - en gång ett effektivt skydd mot vargar och tjuvskyttar.

På andra sidan vägen ute på Framnäsudden och Kärleksudden kan vi glädja oss åt två vackra skulpturer. Sångerskan Jenny Lind poserar i fin krinolin på den ena och ett förälskat par är skickligt utmejslade i bronsskulpturen Idyll på den andra. Ytterligare två hus som kantar vår väg förtjänar intresse, den gröna Fjeldstuen från 1830-talet och det bruna Sirishov från 1760-talet. I övrigt är denna sida av viken en trivsam sträcka att promenera på med frodig, skuggande grönska och öppna betesmarker.

VÄRDSHUS OCH MUSEER

Väl framme vid Djurgårdsbrunnsbron ser vi det gula apotekshuset från spatiden och en trist barack som fått er-

Villa Lido speglar sig kokett i Djurgårdsbrunnsvikens vatten.

Museerna erbjuder inte bara kultur.

sätta det fina, gamla Wärdshuset sedan det brunnit ner på 1980-talet. Här längs vikens soliga sida ser vi först ett antal gamla fina villor. Tre stycken, alla från 1800-talet, är värda att nämnas, Gröna Strandvillan, söt som en bakelse och från början ett badhus samt Bergshyddan i empirestil, som haft många kända hyresgäster bl.a. Ingrid Bergman. Längst ute på en udde ligger sedan Villa Lido, som byggdes för grevinnan Charlotte Piper på sin tid.

Nu är vi strax framme vid museiområdet. Här trängs inte mindre än fem museer om utrymmet. Först ut är Etnografiska Museet, sedan kommer Tekniska Museet, Polismuseet, Riksidrottsmuseet och Sjöhistoriska Museet. Här är det Sjöhistoriska Museet som leder stort vad gäller vacker arkitektur. Den konkava, vita byggnaden sträcker ut sina armar mot väster och välkomnar sina besökare på ett inbjudande sätt, ett mästerverk av

Ragnar Östberg. Invid museet står den kraftige, vitale Sjömannen och blickar ut över viken till minne av andra världskrigets sjöoffer. Ännu ett hus som brunnit längs viken är Källhagens Värdshus, som också det ersatts av en tråkig byggnad. Kvar från förr står i alla fall ännu det rödmålade trähuset mitt bland gråa betonglängor och minner om en värdshusrörelse som pågått i många hundra år.

Pampiga villor i Diplomatstaden.

DIPLOMATSTADEN

Från Källhagen har vi en fin utsikt över Diplomatstaden i förgrunden och det pampiga Nordiska Museet på andra sidan viken. Bakom Diplomatstaden höjer sig Engelska kyrkans torn över de praktfulla villorna, som nästan alla byggdes på 1910-talet. Längs Nobelgatan står de uppradade och uppvisar en enhetlig arkitektur i rödbrunt tegel. Från början var de ämnade som privatvillor men idag inryms här olika ambassader och konsulat. Den vilande Diana, jaktens gudinna, poserar med hind och pilbåge i en vacker skulpturgrupp vid vattenbrynet nedanför villorna.

”Ännu ett fint hus som brunnit längs viken är Källhagens Värdshus.

Villa Källhagen – gammalt trä och ny betong.

NOBELPARKEN

Lite längre fram ligger Nobelparken, som inte har något att göra med Alfred Nobel annat än att han lät tillverka krut här i närheten och att man hade planer på att bygga ett Nobelinstitut här.

Av detta blev intet men här fanns ett Skogsinstitut på 1800-talet

Strandbryggan med bästa läge vid Strandvägen.

som experimenterade med att plantera skog på udden. Huvudbyggnaden finns kvar samt ett stort utbud av de vilda trädslag som finns i Sverige. Gå gärna in i parken och testa biologikunskaperna! Egentligen är hela Djurgården fylld av träd av alla de slag men det som dominerar mest är de gamla ekarna. Här finns det största beståndet av ekar i hela Nordeuropa, så håll ögonen öppna på alla de sköna, gröna djurgårdspromenaderna!

Den vilande Diana i rofylld miljö.

MUSEER

1. **Nordiska Museet**
   tfn 519 546 00 | www.nordiskamuseet.se
2. **Biologiska Museet**
   tfn 442 82 15 | www.biologiskamuseet.com
3. **Rosendals Slott**
   tfn 402 61 30 | www.kungahuset.se
4. **Etnografiska Museet**
   tfn 519 550 00 | www.etnografiska.se
5. **Riksidrottsmuseet**
   tfn 699 60 10 | www.riksidrottsmuseet.se
6. **Polismuseet**
   tfn 504 471 00 | www.polismuseet.se
7. **Tekniska Museet**
   tfn 450 56 00 | www.tekniskamuseet.se
8. **Sjöhistoriska Museet**
   tfn 519 549 70 | www.sjohistoriska.se

RESTAURANGER

2. **Godthem** ....
   tfn 505 244 15 | www.villagodthem.se
3. **Ulla Winbladh** ....
   tfn 534 897 01 | www.ullawinbladh.se
6. **Djurgårdsbrunns Wärdshus** ..
   tfn 624 22 00
   www.djurgardsbrunn.com
8. **Matmekka** ....
   tfn 519 550 54 | www.etnografiska.se
9. **Stallet** ....
   tfn 450 57 46 | www.norma-festivitas.se
11. **Villa Källhagen** ....
    tfn 665 03 00 | www.kallhagen.se

CAFÉER

1. **Djurgårdsbrons Sjöcafé** ....
   tfn 661 44 88 | www.sjocafet.se
4. **Flickorna Helin& Voltaire**....
   tfn 664 51 08 | www.helinvoltaire.com
5. **Café Sturegård** ....
   tfn 660 19 20 | www.sturegård.se
7. **Kanotklubben** . ...
10. **Café i Lä** ....
    tfn 519 549 12 | www.sjohistoriska.se
12. **Café Foajé**........................
    tfn 667 62 52 | www.princesshall.se
13. **Kungliga Motorbåt Klubben**
14. **Fiore** | tfn 528 098 00 ....
15. **Strandbryggan**...................
    tfn 660 37 14
    www.strandbryggan.se

9. Ladugårds-gärde och Kaknäs hagar

En oas i skön natur strax bortom stadens kompakta mur

Start (B) **69, Hållplats: Kaknästornet**

ca 8 km · ca 1,5 h · ca 11 200 · Ja · Ja (utom norra delen)

Gärdet, en stor, härlig "gräsmatta" så nära stan. Vad kan man mer begära? Men tur hade stockholmarna år 1903 när hela området skulle exploateras och bebyggas. En stark folkopinion satte stopp för planerna och nu kan vi fullt ut njuta av denna tysta och gröna oas.

RÅMANDE KOR OCH STÖVELTRAMP

Ladugårdsgärde har platsen fått heta p.g.a. alla de ladugårdar som låg utspridda här i äldre tider. Kor, får och getter strövade omkring i godan ro och vaktades av kogubbar och getgummor. Men här har det också gått vildare till. Redan på 1500-talet stod här ett fältslag mellan svenskar och danskar och sedan dess har det skjutits hej vilt i olika sammanhang på Gärdet. Från början ingick området i den kungliga jaktparken och senare

Tät djungel ett stenkast från stan.

Utsikt från Kruthuset över småbåtshamn i Lilla Värtan.

användes det för militära övningar. Särskilt under Karl XIV:e Johans tid användes fältet flitigt. Kungen lät uppföra ett högkvarter, Borgen, uppe på Drottningberget, varifrån han lätt kunde övervaka skeendena ute på Gärdet. Han lät t.o.m. anlägga en pontonbro rakt över Brunnsviken för att ha nära till sitt sommarslott Rosendal. Från Gärdet startade också Sveriges första flygningar och ballongfärder. Arbetarrörelsens 1:a majtåg utgick härifrån under många år och numera äger den årliga drakfesten rum här.

GAMLA LIDINGÖBRO

Från Djurgårdsbrunnsvägen följer vi Greve von Essens väg upp till Kungliga Borgen, som nu är restaurang och går sedan på ett upplyst motionsspår in i härlig skogsnatur. Snart stöter vi på Lindarängsvägen som vi korsar och sedan fortsätter vi i riktning Lidingöbro Wärdshus. Värdshuset byggdes i anslutning till en bro till Lidingö, som anlades här i början av 1800-talet och som varit ett omtyckt utflyktsmål för hungriga stockholmare alltsedan dess och fram till 2004. Tyvärr har byggnaden förfallit och hela härligheten har rivits. Nu ska här byggas nytt. Ett hotell med spa ska det bli och vi får hoppas att anläggningen kommer att smälta in i den känsliga omgivningen. Men lite längre norrut ligger två andra trähus kvar med 200 år på nacken, som stod på var sin sida om brofästet och minner om gångna tider.

LÄNGS LILLA VÄRTAN OCH DJURGÅRDSBRUNNSKANALEN

Vi fortsätter promenaden söderut och träffar snart på en hundkyrkogård, där de älskade husdjuren har fått sin sista vila. Vi går längs Lilla Värtan i lummig grönska med härliga vyer och kommer strax fram till ett båtvarv, där en dyster, gul byggnad med små gluggar till fönster välkomnar med matservering i f.d. ammunitionsförrådet. För nu är vi i Kruthuset, som har öppet onsdag till söndag.

Snart är det inte långt kvar till Djurgårdsbrunnskanalen och Lilla Sjötullen, en tullvaktarstuga i rosa, som byggdes i samband med att kanalen blev färdig 1834. Det var Karl XIV:e Johan som stod bakom bygget och byggherren Carl af Forsell fick som tack bo på Rosenhill som vi passerar inom kort. Vi går nu på Prins Bertils väg och går förbi prinsessan Lilians fina hus, Villa Solbacken. Strax innan vi kommer fram till Djurgårdsbrunnsbron skymtar Judiska Teatern fram mellan trädstammarna,

Fågelidyll vid vattenbrynet.

Djurgårdsbrunnskanalen, en populär farled från anno dazumal.

ett gammalt hus från spatiden med populär kägelbana när det begav sig.

MILSVID UTSIKT

Strax är vi tillbaka vid utgångspunkten men först passerar vi ett gult hus som fungerade som marketenderi för Kungliga Livregementets Dragoner runt förra sekelskiftet.

Dragonlägret med stallar och tält låg strax intill och regementets kanslibyggnad Dragongården, som en

Paddla kanot är kul – finns att hyra på Kanotklubben.

”Kaknästornet erbjuder milsvid utsikt över Storstockholm.

En kopp kaffe med dopp bland paddlar och kanoter.

tid beboddes av Estelle och Folke Bernadotte, finns idag inklämd bland Kinesiska Ambassadens byggnader utom synhåll för obehöriga. Härifrån syns däremot Kaknästornet som rakar upp i höjden mitt i skogen.

Det byggdes på 1960-talet och tjänar som länktorn för radio och TV. Dessutom kan man äta gott i restaurangen på 28:e våningen. Tveka inte att gå de extra stegen dit och ta hissen upp i tornet, där du belönas med en vidunderlig utsikt åt alla håll. Det kan vara kul att spana in de stigar och vägar man följt runt tornet och sedan lyfta blicken och zooma in stora delar av Storstockholm.

Förkorta promenaden:

Se kartans ljusgröna markeringar

RESTAURANGER

1. Kungliga Borgen ....
   tfn 661 07 07 | www.kungligaborgen.se
2. Lidingöbro Wärdshus...........
   Under uppförande
4. Djurgårdsbrunns Wärdshus ..
   tfn 624 22 00 | www.djurgardsbrunn.com
6. Kaknästornet ....
   tfn 662 97 18 | www.kaknastornet.se

CAFÉER

3. Kruthuset ....
   tfn 661 83 37 | www.kafekruthuset.se
5. Kanotklubben ....

M MUSEER

Se förra promenaden, nummer 8.

10. Det nöjestäta Djurgården

Från galärvarv till nöjesmetropol.

Start (F) **Allmänna Gränd färjeläget**
Färja från Slussen, Nybroplan, Skeppsholmen

ca 5 km | ca 1 h | ca 7 000 | Mestadels | Nej

Djurgårdsbageriet minner om gångna tider i Djurgårdsstaden.

Inte någonstans i Sverige kan man hitta så mycket att roa sig med på så liten yta som här på Djurgårdsöns nordvästra hörn och mer och mer kommer till efter hand.

Lätt att ta sig hit är det också. Från Gamla Stan pendlar Djurgårdsfärjan fram och tillbaka. Bussar och spårvagn går också titt som tätt från Stockholms City.

FRÅN GALÄRSKJUL TILL NÖJESCENTRUM

Om vi tar färjan närmar vi oss Djurgården som man gjorde på 1700- och 1800-talen. Men då var det roddarmadammer som stod för överfarten, manhaftiga dalkullor som rodde över Saltsjöns vatten i små roddslupar. Vi hade mötts av en helt annan syn än idag. Hela strandremsan var fylld av galärskjul som hyste flottans galärer och varvet var det dominerande inslaget i bilden.

Idag ligger nöjesparken Gröna Lund här i stället för galärskjulen och om man inte är uppmärksam är det

Varvsindustrin dröjer sig kvar på Beckholmen.

lätt att bara gå av färjan, titta på Gröna Lund och Skansen och åka tillbaka igen men då har man gått miste om mycket. Nej, låt oss börja med att ta en promenad med historiska tillbakablickar i stället.

DJURGÅRDSSTADEN

Vi går Allmänna Gränd rakt fram och viker sedan av till höger in på Lilla Allmänna Gränd. Här börjar Djurgårdsstaden, där drottning Kristina redan på 1600-talet lät bygga sjukhus och bostäder för sjömän. Vi har Gröna Lund både till höger och vänster men även några gamla trähus bl.a. brandstationen med sitt röda torn och mjölnargården som var krog på den tiden. Ett helt litet samhälle växte fram här på 1700-talet när varvsindustrin kommit igång på allvar. Här bodde varvsarbetare, sjömän, smeder och becksjudare i små röda träkåkar bakom varvet.

Vi viker av uppför backen och fortsätter på Östra Varvsgatan med än fler små röda hus. Strosa gärna runt bland gränderna här och titta på apotekarens, bagarens och dödgrävarens hus. Flera värdshus fanns här också och ett var troligen inrymt i ett falurött 1700-talshus som numera kallas för Bellmanshuset. Värdshuset är nämligen omsjunget av Bellman, som tillbringat många glada dagar i goda vänners lag på Djurgårdens alla krogar. Men på 1700-talet hette krogen Grön Lund efter den omgivande

Vy över hamninloppet från Beckholmen.

trädgården Gröna Lunden, ett namn som nu lever vidare i nöjesparken.

BECKHOLMEN

Vi fortsätter vår promenad på Nordenskiöldsgatan och viker av till höger nedåt Beckholmen. Det var hit till denna avskilda ö som hanteringen av beck och tjära förvisades på 1600-talet. Det var en smutsig, brandfarlig och illaluktande verksamhet som blev kvar på ön till långt in på 1800-talet. Men redan i mitten av århundradet hade en ny industri etablerat sig på holmen. Stockholms många ångfartyg var i behov av torrdockor och man sprängde ut två stora skeppsdockor här och varvsindustrin sträckte sig nu även ut på Beckholmen.

Idag utgör hela området på båda sidor om Beckholmssundet inklusive själva ön ett unikt maritimt sceneri med skeppsdockor och gamla byggnader som ska bevaras till eftervärlden. Här kommer nämligen ett marinkulturellt centrum att skapas och inom en snar framtid kommer vi att kunna promenera längs sundet, där det gamla Djurgårdsvarvet låg och sedan ut på Beckholmen.

Att gå runt Beckholmen lönar sig inte bara för de intressanta kulturminnesmärkena utan även för de vackra utsiktspunkter som promenaden erbjuder. Om vi först går till höger ser vi det gamla Djurgårdsvarvet och Gröna Lund och längre ut öppnar sig Saltsjön med Kastell-

M

MUSEER

1. Nordiska Museet
tfn 519 547 70 | www.nordiskamuseet.se

2. Junibacken
tfn 587 230 00 | www.junibacken.se

3. Vasamuseet
tfn 519 548 00 | www.vasamuseet.se

4. Museifartygen

5. Båtmuseet

6. Aquaria Vattenmuseum
tfn 660 90 89 | www.aquaria.se

7. Liljevalchs Konsthall
tfn 508 313 30 | www.liljevalchs.se

holmen och Södermalm i blickfånget. Slutligen ser vi Waldemarsudde på andra sidan Waldemarsviken som är fylld med bryggor och båtar. Bakom bryggorna skymtar Albergets praktfulla villor fram mellan trädgrenarna. Många av husen är byggda runt förra sekelskiftet och uppvisar olika stilarter men det är Djurgårdsempiren från Karl XIV:e Johans tid som dominerar stort.

NATIONALROMANTISK SAMLARIVER

Vi lämnar nu Djurgårdsstaden och Beckholmen, går över Djurgårdsvägen och sedan uppför Sollidsbacken. Här

Skansentorn från Beckholmsbron.

Världsutställningskrog som bevarat sin sekelskiftescharm.

uppe på höjden ligger flera exklusiva villor från förra sekelskiftet bl.a. Villa Ekarne, en nationalromantisk byggnad i mörkbrun spånklädsel ritad av Ragnar Östberg. Nationalromantiken stod på sin höjdpunkt då och både Skansen, Biologiska Museet och Nordiska Museet är skapelser av sin tid.

Skansen som vi nu har på vår vänstra sida är ett stort friluftsmuseum, det första i sitt slag i hela världen. Det öppnades för allmänheten 1891 och är ett verk av en verklig entusiast Artur Hazelius. Han samlade på allt möjligt, från den minsta träslev till hela hus från Sveriges alla hörn. Han ville "framställa folklivet i levande drag" som han själv uttryckte saken. Han var framsynt och insåg att mycket av det gamla var dömt att försvinna i industrialismens spår. Den gamla allmogekulturen måste bevaras för framtiden och både Nordiska Museet och Skansen har blivit riktiga skattkistor att ösa ur.

GALÄRVARVET

På vår väg längs Skansenstaketet ser vi konturerna av gamla byggnader och inhägnade marker med betande djur inne bland skogsdungarna. På andra sidan vägen ligger Rosendals Slott, som vi ska ta oss en närmare titt på på nästa promenad.

Vi går i stället ned mot Brunnsviken, viker av österut och har snart det pampiga Nordiska Museet framför oss. På andra sidan museet ligger galärvarvsområdet som nu förvandlats till ett rekreationsområde. Vi promenerar längs Djurgårdsbrunnsviken och har Strandvägen i blickfånget på andra sidan vattnet. Här ligger Stockholms mest åtråvärda lägenheter i magnifika hus från förra sekelskiftet,

Fejkad gruva får duga som café.

det ena ståtligare än det andra. Här på ön ligger däremot en barack som inte ser mycket ut för världen, så varför har den fått stå kvar? Jo, det är en minsveparbarack från galärtiden och här inne finns nu Astrid Lindgrens underbara sagovärld representerad i ett nötskal.

Fler minnen från galärtiden är en torrdocka, där regalskeppet Vasa har fått sin sista vila. Här ligger hon nu väl skyddad från väder och vind av en spännande byggnad med master och allt. Bakom Vasamuseet finns Galärkyrkogården med gravmonument från både Vasas och Estonias förlisningar. Utmed kajen framför museet ligger havsisbrytaren S:t Erik från 1915 och fyrskeppet Finngrun-

CAFÉER

3. Café Sturegård ....
tfn 660 19 20 | www.sturegård.se

4. Flickorna Helin&Voltaire
tfn 664 51 08 | www.helinvoltaire.com

7. Djurgårdsbrons Sjöcafé ....
tfn 661 44 88 | sjocafet.se

8. Josefina..................................
tfn 664 10 04 | www.josefina.nu

9. Junibacken ....
tfn 587 230 00 | www.junibacken.se

14. Djugårdskyrkans Café ....
tfn 442 51 15

15. Lilla Parkkaféet..................
tfn 660 82 76 | www.lillaparkkafeet.se

det från 1903. Lite längre fram längs kajen står gamla galärskjul och båthallar och minner om den tid då galärvarvet stod på sin höjdpunkt. Men vad vi inte ser nu är den stökiga och bullriga miljö som rådde här på den tiden och vi kanske skänker den en åtanke när vi i lugn och ro strosar fram längs kajerna och ser båtarna gunga gemytligt vid bryggorna.

Snart är cirkeln sluten och vi är tillbaka vid Gröna Lund, där förhoppningsvis en färja ligger och väntar på att ta oss in till stan igen.

RESTAURANGER

1. **Rosendals Trädgårdscafé** ......
   tfn 545 812 70
   www.rosendalstradgard.se
2. **Rosendals Wärdshus** ....
   tfn 661 39 70
   www.rosendalswardshus.se
5. **Ulla Winbladh** ....
   tfn 534 897 01 | www.ullawinbladh.se
6. **Godthem** | tfn 505 244 15 ....
   www.villagodthem.se
10. **Blå Porten**.........................
    tfn 663 87 59 | www.blaporten.se
11. **Carl Michael** ....
    tfn 667 45 96 | www.carlmichael.se
12. **Lejonbacken** ....
    tfn 663 36 33 | www.lejonbacken.se
13. **Hasselbacken** ....
    tfn 517 343 25
    www.restauranghasselbacken.se
16. **Lilla Hasselbacken** ....
    tfn 663 71 82 | www.lillahasselbacken.se

Josefina – populärt tillhåll för festsugna ungdomar.

11. Djurgården med hamninlopp i fokus

Strandpromenad med skärgårdskänsla

Start Ⓢ Waldemarsudde

ca 8 km | ca 1,5 h | ca 11 200 | Ja | Ja

Detta är nog ett av Stockholms allra vackraste promenadstråk som slingrar sig fram längs vattenbrynet. Det erbjuder härliga vyer över Djurgårdsbrunnsviken, Djurgårdsbrunnskanalen, Lilla Värtan och hela det livliga inloppet till Stockholm.

Men innan vi följer stränderna dyker vi in i Djurgårdens inre och promenerar i en härligt lummig lövskog bland ekar, alar, bokar och björkar. Strax kommer vi fram till Rosendals Trädgårdar och får oss en inblick i ekologisk odling. Här odlar man allt från minsta kryddört till stora frukträd utan kemiska tillsatser. Bortom

En avslappnande stund i grön lund.

odlingarna ligger Orangeriet, där man kan få smaka på skördarna i form av en riklig buffé uppdukad i ett av växthusen.

ROSENDALS SLOTT

Från orangeriet är det inte långt till Rosendals Slott, som uppfördes på 1820-talet för Karl XIV:e Johans räkning. Här skapade han sig ett sommarparadis i härligt avskild natur men ändå med närhet till exercisfältet på andra sidan Djurgårdsbrunnsviken, där han tillbringade en stor del av sin tid.

Slottet kan besökas under sommarmånaderna och är väl värt ett besök. Något man knappt kan föreställa sig är att byggnaden är prefabricerad och kom till platsen i monteringsfärdiga väggelement men inte desto mindre blev resultatet mycket lyckat.

Isbladskärret lockar till sig fåglar i stora skaror.

Monteringsfärdigt slott i empirestil.

Det är ett fint exempel på den empirestil som utvecklades här i Sverige under Karl Johans tid.

Även slottets inre speglar tidens inredningsmode men också kungens militära intresse står i fokus. Så är t.ex. matsalen draperad med bomullstyger för att påminna om ett fältherretält.

ISBLADSKÄRRET

Turen går vidare ner mot Djurgårdsbrunnsviken och vi passerar Drottningens Paviljong och lite längre bort skymtar kungens pampiga stall fram mellan trädstammarna.

Strax är vi framme vid Djurgårdsbrunnskanalen som vi följer ända fram till Värtan. Just här där vi går nu lär vara det tystaste parkområdet i hela Stockholm, så låt oss stanna till en stund och smaka på tystnaden.

Denna lugna miljö var kanske också orsaken till att skalden Gustav Fröding, denna oroliga själ, flyttade hit i början av 1900-talet. Han bosatte sig på Gröndal i ett gammalt jägarboställe från jaktepoken och fick här uppleva några av sina lyckligaste år före sin död 1910.

Huset ligger vackert inbäddat i lummig grönska och har både kanalens och Isbladskärrets promenadstråk inom bekvämt räckhåll. Isbladskärret är ett av Sveriges finaste fågelreservat med ett otal arter som häckar här om våren. Om man strax efter kärret viker av till höger och följer Prinsessan Ingeborgs Väg en bit kommer man fram till en ornitologisk observationsplats med fin utsikt över de häckande fåglarna som ligger och ruvar ute på vassruggarna i kärret.

BLOCKHUSUDDEN

På andra sidan Prinsessan Ingeborgs Väg ligger Parkudden, som var prins Carls och Prinsessan Ingeborgs sommarnöje kring förra sekelskiftet. Det är en stor och pampig villa med ett superbt läge mot Värtan och inloppet till kanalen.

Vi rundar udden på en vacker parkväg och är snart framme på Blockhusudden. Högst uppe på kullen fanns förr en vårdkase som ingick i försvaret av Stockholm. Den hade en visuell kontakt med flera andra vårdkasar, som skulle tändas när fienden nalkades. Nere vid stranden fanns ett blockhus, bestyckat med kanoner, som också användes i försvaret liksom en befäst bro över till Nacka. Givetvis fanns här också sjötullar för förtullning av varor som skulle föras in i staden. Än idag finns Stora Sjötullen kvar, som byggdes i början av 1700-talet.

Efter hand började hela udden bebyggas med sommarvillor, som idag har förvandlats till åretruntbostäder. Ta gärna en tur uppåt kullen, som förresten heter Eolskulle efter vindarnas gud Aeolus. Här kan det nämligen blåsa rejält när vinden

Härlig grönska i Rosendalsparken.

ligger på från Östersjön. Men annars råder ett rofullt lugn över nejden och husen är som hämtade från en sörgårdsidyll.

THIELSKA GALLERIET

Strax bakom kullen ligger Thielska Galleriet, ett veritabelt palats i skimrande vitt med gröna tak och spröjsade fönster. Detta var Ernst Thiels skapelse, den store finans- och bankmannen, som i början av 1900-talet skapade sig en förmögenhet som till stor del grävdes ned i palatset och i fantastiska konstsamlingar. Idag har byggnaden förvandlats till ett fint museum och det är en fröjd för ögat att gå runt i de vackra salarna och gemaken och njuta av konstverk från dåtidens främsta konstnärer.

PAMPIGA PRIVATVILLOR I UNDERBAR MILJÖ

Om vi går tillbaka till strandpromenaden har vi en vacker utsikt över inloppet till Stockholm med en livlig sjötrafik, som drar blickarna till sig, men även på land finns mycket att upptäcka. Här ligger den ena fina villan efter den andra, alla med söderläge och härlig sjöutsikt.

Och här bodde inte heller vem som helst. Wallenbergs huserade på Täcka Udden och i Nedre Manilla bodde bokförläggaren Karl Otto Bonnier. Idag finns här en stor porträttsamling med många av förlagets författare representerade.

Kända författare pryder väggarna i Bonniers Nedre Manilla.

Täcka Udden – Wallenbergs residens.

Lite längre fram, uppe på en kulle, ligger Listonhill, där tidigare en ambassadör och en stenrik direktör för Ostindiska Kompaniet bott. I blickfånget rakt fram ligger Biskopsudden med Kungliga Svenska Segelsällskapets hamn och klubbhus och sedan är det inte långt kvar till Waldemarsudde, kronan på verket.

WALDEMARSUDDE

På denna natursköna plats lät Prins Eugen uppföra en imponerande byggnad i jugendstil, ämnad som bostad men också som tavelgalleri för hans imponerande konstsamling. Huset ligger högt och är omgivet av vackra blomsterplanteringar, som klättrar uppför berget i terrasser. Här och var pryds trädgården av skulpturer av samtida konstnärer och inne i själva huset är väggarna klädda med tavlor som prinsen förvärvat under årens lopp men också av egna verk. Nu är vi så lyckligt lottade att prinsen donerade hela härligheten till svenska folket vid sin död 1947 och huset har förvandlats till ett intressant konstmuseum med både en permanent utställning och flera tillfälliga varje år.

På Waldemarsudde finns två museer till. På en kulle bakom huvud-

Råmande kreatur ersätter bullrig gräsklippare.

byggnaden reser sig en gammal oljekvarn från 1700-talet, där man malde linolja, som användes som impregneringsmedel för det skeppsbyggeri som bedrevs här på den tiden.

På andra sidan huvudbyggnaden närmare vattnet ligger Gamla Huset, också det från 1700-talet, där prinsen tillbringade sin första tid på Waldemarsudde. Huset står nu som det gjorde på prinsens tid med inredning och allt, men här finns också en permanent utställning om prinsens liv och många konstverk på väggarna.

Om vi går ut en bit på Waldemarsudde kan vi zooma in några av de favoritmotiv som prinsen hade när han målade sina tavlor för 100 år sedan. Sedan rundar vi udden och kastar en sista blick ut över Saltsjön innan vi avslutar promenaden.

M MUSEER

1. **Rosendals Slott**
   tfn 402 61 30 | www.kungahuset.se
2. **Thielska Galleriet**
   tfn 662 58 84 | www.thielska-galleriet.se
3. **Waldemarsudde**
   tfn 545 837 07 | www.waldemarsudde.se

RESTAURANGER

2. Rosendals Trädgårdscafé
tfn 545 812 70
www.rosendalstradgard.se

3. Rosendals Wärdshus
tfn 661 39 70
www.rosendalswardshus.se

4. Djurgårdsbrunns Wärdshus
tfn 624 22 00
www.djurgardsbrunn.com

8. Lisa på Udden
tfn 660 94 75 | www.lisapaudden.se

Brann ner 2009 – ny byggnad beräknas bli klar 2013.

CAFÉER

1. Ektorpet
tfn 662 21 17

5. Blockhusporten
tfn 667 10 01

6. Bankirens Badrum
tfn 0735 118 002
www.thielska-galleriet.se

7. Café Ekorren
tfn 662 01 80
www.cafeekorren.se

9. Prinsens Kök
tfn 662 22 17
www.waldemarsudde.se

Trädgårdsidyll på Blockhusudden.

Södermalm – en tillbakablick

Omtyckt malm med mycket charm

Promenaderna 12 – 15 och 17 – 19

Södermalm har en spännande topografi med höga klippor och djupa dalar som exploateringen inte helt rått på. Det finns fortfarande områden kvar, där inga bergsprängare satt sin fot och det gör att vi än idag kan hitta många smultronställen och till och med en egen bergskreva att njuta i en solig sommardag.

För 10 000 år sedan när inlandsisen drog sig tillbaka reste sig några kala hällar upp ur havet, där Stockholm ligger idag. Det var Skinnarviksberget på Södermalm som visade sig först. Berget är idag Stockholms högsta med sina 53 m.ö.h. och mycket har hänt sedan dess.

Det första kända namnet på ön

”Flera ohälsosamma verksamheter flyttade ut ur staden och Södra Malmen blev en ”stinkmalm” med trankokning, tjärbränneri och skinntillverkning.

var Åsön, som förmodligen syftar på den rullstensås som löper rakt genom ön i nord-sydlig riktning. I anslutning till åsen har sedan gammalt en landsväg gått och det var här på Gamla Göta Landsväg, som de nykrönta kungarna red på sin Eriksgata genom Sveariket för att ta emot folkets hyllningar. Landsvägen gick i en vid båge österut runt en liten insjö, Fatburen, som betyder förrådshus och syftar på den rika tillgången på fisk i sjön.

STOCKHOLM EXPANDERAR

När stan blev för trång blev Södermalm den malm som tidigast bebyggdes men det var en expansion med förhinder. Redan tidigt förekom en sparsam bebyggelse på ön men det fanns flera orsaker till att utflyttningen gick trögt. Ön var karg och ganska ofruktbar och de betesmarker som trots allt fanns, ville borgarna i staden ha monopol på för sina kreatur. Dessutom var Södermalm, liksom de andra malmarna, ofta skådeplats för bittra strider om herraväldet över staden. Alltså ville man ha en så sparsam bebyggelse som möjligt utanför stadsmurarna.

Icke desto mindre skaffade sig borgarna i staden täppor för husbehovsodling och allt eftersom dök det upp små stugor och lador här och var i skrevorna bland bergen. Men om husen var i vägen för militära ändamål brändes de helt skoningslöst ner.

Redan tidigt uppkom ändå två kyrkliga centra på ön som representerades av Maria Magdalena Kapell, byggt vid mitten av 1300-talet på Götgatans västra sida och Helga Kors Kapell som uppfördes något halvsekel senare på den östra.

Under medeltiden kunde kyrkobyggnader ofta även tjäna som tillflyktsort under krigstid och Maria Magdalena var en sådan kyrka, uppförd som en fästningslik, sakral byggnad omgiven av bastanta murar.

Tilltalande Södersilhuett.

SÖDRA MALMEN BLIR STINKMALMEN

Så småningom blev det ändå omöjligt att hindra utvecklingen mot en fast bosättning på ön. Flera ohälsosamma verksamheter flyttades ut ur staden till de omgivande malmarna och trankokningen var en av dem. Stanken var outhärdlig och tran- och sälbodar radade upp sig längs Stadsgårdens

Arbetarbostäder från förr på Söders höjder.

stränder från början av 1300-talet.

Från och med 1400-talet började stadsdelen utveckla alltfler verksamhetsgrenar. Nere vid Stadsgården fanns en timmergård, ett skeppsvarv och ett tjärbränneri och uppe på bergshöjderna avtecknade sig de dekorativa väderkvarnarna mot himlen.

På andra sidan Slussen västerut höll garvarna till med sin illaluktande skinntillverkning och på öns södra sida låg två tegelbruk. Vid den fiskrika sjön Fatburen, den del av ön som var mest lämpad för odling och där betesmarkerna var som frodigast, fanns naturliga förutsättningar för bosättningar och småindustrier. Enligt sägnen lär det redan på 1400-talet ha funnits en repslagarbana och en krukmakarverkstad här.

EN FAST BOSÄTTNING ETABLERAR SIG

Efter hand uppstod en fast bosättning på ön med utgångspunkt från Slussen. Härifrån bredde stadsdelen ut sig åt olika håll, söderut längs Götgatan ner mot Fatbursjön och västerut längs nuvarande Hornsgatan. Vägnätet var slingrande och oregelbundet och framkomligheten bedrövlig med tanke på de stora nivåskillnaderna. Det var bara att streta på backe upp och backe ner, vart man än skulle.

På 1600-talet var det dags att göra något åt eländet och en reglering av gatunätet genomfördes. Götgatan fick t.ex. en spikrak sträckning rakt över Fatbursjön som delvis fylldes igen och Hornsgatan följde en lättframkomlig sprickdal åt väster.

STORMAKTSTIDEN SÄTTER SINA SPÅR

Det var på 1600-talet som Stockholm fick ett rejält lyft i och med Stormaktstiden, då många palatsliknande byggnader uppfördes i staden.

Ovanför Slussen byggdes Södra Stadshuset (nu Stadsmuseum) i förnäm barockstil och andra 1600-talsbyggnader utgjordes av Lillienhoffska Huset och Louis de Geers Palats som båda visar prov på 1600-talets holländska klassicism.

Det var också nu som Mariakyrkan och Katarinakyrkan byggdes upp igen i ny skepnad efter Gustav Vasas demolering av öns båda kapell på 1500-talet.

Flera malmgårdar tillkom också på 1600- och 1700-talen främst vid Mälarens och Fatburens stränder. Det var bl.a. de hemvändande krigsherrarna som skapat sig en förmögenhet på kriget som kunde unna sig att flytta ut på landet till en mer skyddad miljö.

Befolkningen ökade och byggnationen satte fart även med bostäder för vanligt folk. Träkåkarna ersattes mestadels av stenhus och än idag finns många av dessa hus kvar att beskåda. Särskilt i bergen ovanför Riddarfjärden klättrar de uppför de branta backarna och visar upp ett helrenoverat yttre – för att inte tala om insidan med alla moderna bekvämligheter.

INDUSTRIALISMEN FÅR FOTFÄSTE

Under 1700-talet förändrades befolkningssammansättningen på Söder. Än fler bullriga och osunda industrier etablerade sig på ön och arbetarna bosatte sig i grannskapet. Nu var det inte längre fint att bo här och högreståndshusen fick nya funktioner.

Dessutom hade Fatbursjön förvandlats till ett stinkande träsk omgivet av textilfabriker, bryggerier och slakterier som alla dumpade sitt avfall i sjön. Vattnet blev förorenat, luften osund och dödligheten i trakten ökade dramatiskt.

Under 1800-talet växte Södermalm snabbt, nya industrier anlades och bostadsbristen blev besvärande, liksom framkomligheten på gatorna. En ny stadsplan kom till i slutet av århundradet med Lindhagenplanen.

Nu började man spränga bland bergen. Torkel Knutssonsgatan delade Mariaberget i två delar, liksom Renstiernas gata skar rakt genom Katarinabergen och gav fri fart ner mot Slussen. Genast blev det betydligt lättare att ta sig in till Söders hjärta bakom den höga "förkastnings-

Torghandel på Södra Bantorget - Medborgarplatsen.

Söder Torn – nytillskott på Söders silhuettpalett.

muren". Sprängt hade man också gjort för tågtrafiken och redan 1860 hade Stockholm fått sin första järnvägsstation, Södra Station och då fylldes också Fatbursjön igen.

BOSTADSBYGGANDET TAR ÖVERHANDEN

Men först måste många av söders alla industrier flytta på sig. Här fanns inte utrymme för både bostäder och platskrävande industrier. Längs Söders stränder bredde fabriker, bryggerier och skeppsvarv ut sig och förorenade både luft och vatten. Liksom på medeltiden var det dags att förvisa industrierna till stadens periferi för att skapa utrymme för bostäder och förbättra miljön. Bostadsbyggandet spred sig som en solfjäder söderut från Slussenområdet och vid 1880-talet hade bebyggelsen nått ända ner till Skånegatan och Ringvägen. Man byggde rejäla hus i sekelskiftesstil som mestadels beboddes av arbetare.

BILAR, SPÅRVAGNAR OCH HÄSTSKJUTSAR

Naturligtvis hängde infrastrukturen inte med på långt när vad gällde framkomligheten nu när bilar och spårvagnar började trängas med hästskjutsarna. Speciellt marigt var det vid Slussenområdet som ju utgjorde den enda land- och vattenförbindelsen mellan norra och södra Stockholm på många mils håll. Men först på 1930-talet kom den lösning som fortfarande är i bruk i form av korsningar i tre plan i olika höjdnivåer.

Under 1900-talet fortsatte man att bygga söder om Ringvägen, där husen fick en annan utformning alltefter modets nycker. Flera fina bostadsområden har byggts längs stränderna, där man här och där har sparat en remsa lummig grönska för sköna, gröna promenader.

Även mitt på ön, där Fatburen låg en gång, har det hänt en hel del sedan sist. Det gamla stationsområdet blev föråldrat och en ny station,

KARTA VISANDE LANDHÖJNINGENS UTVECKLING I STOCKHOLMSOMRÅDET

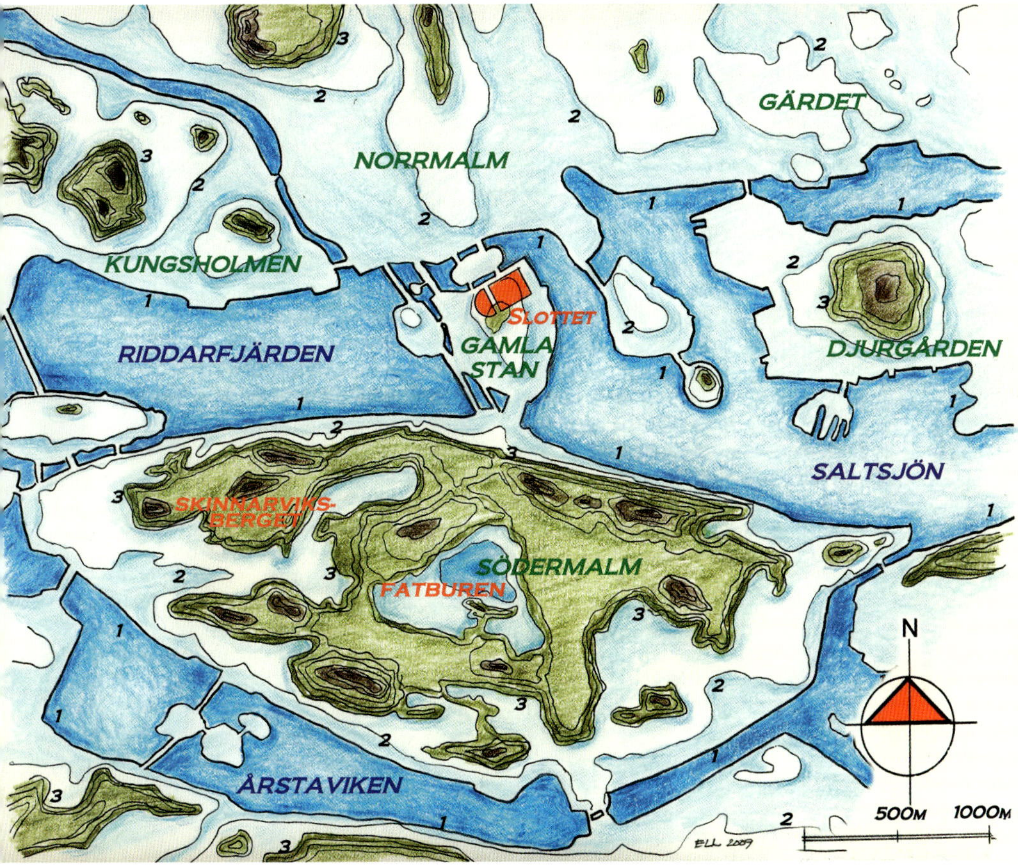

KÄLLA: KARTOGRAFISKA INSTITUTET OCH SVENSKA TURISTFÖRENINGEN
STOCKHOLMSLANDET VID 10 M (NR 2) OCH 25 M (NR 3) HÖGRE VATTENSTÅND ÄN IDAG
UPPHOVSMAN: HOLGER ELLGAARD

1= STRANDLINJE ÅR 2000 (IDAG)
2= STRANDLINJE ÅR NOLL
3= STRANSLINJE ÅR 2000 F.KR.

numera för pendeltågstrafik byggdes i slutet av 1900-talet och nu har ett verkligt trevligt bostadsområde fått ersätta bangårdsslammer och industrislum. Här omfamnas nu den fina Fatburparken av Bofils Båge, en skapelse av den berömde spanske arkitekten Ricardo Bofil och över alltihopa blickar det runda Söder Torn ner från sitt höga läge vid Medborgarplatsen.

I takt med att nya, attraktiva bostadsområden kommit till har det också blivit mer populärt att bo och arbeta på Söder. Men vi måste se upp. Förtätningen får inte gå för långt. Det är ju ändå så att det i stor utsträckning är närheten till grönområden som gör att vi trivs och mår bra.

12. Lummiga Långholmen

En ö i förvandling

Start Ⓣ **Hornstull,**
Uppgång: Hornsbruksgatan

ca 5 km | ca 1 h | ca 7 000 | Ja | Nej

Långholmen har fått epitetet "den gröna ön" men så grön som den är idag har den inte varit så länge. För bara något hundratal år sedan var den en kal, klippig ö med bergshällar, raviner och magra betesmarker.

I slutet på 1800-talet fanns ambitionen att förvandla Stockholms bergsområden till gröna oaser. Problemet var bara att skaffa matjord för att täcka bergsknallarna. Just här fanns förutsättningarna. Man muddrade upp Pålsundet, forslade upp den gamla sjöbottnen och täckte ön med

Högalidskyrkan reser sig majestätiskt över nejden.

slam och lera. Mer än 3000 träd planterades men sedan skötte naturen så gott som resten. I den fertila dyn spred sig växtligheten och ön utvecklades till den lummiga holme vi ser idag.

Ö MED STRATEGISK BETYDELSE

På Långholmen finns spår av forntida boplatser och man har hittat gamla silvermynt från vikingatiden men den viktigaste historiska tilldragelsen var när Gustav Vasa stationerade sina trupper på ön innan han intog Stockholm 1523. Härifrån hade han och hans mannar en fin vy över Gamla Stan och kunde lätt registrera danskarnas positioner.

Ön tillhörde kungahuset ända fram till 1647, då drottning Kristina donerade den till Stockholms stad. Men innan dess fanns sedan 1622 en sjötull på ön och från strategiska utkikspunkter kunde tullarna hålla koll på sjöfarten. Med snabba segelbåtar kunde de sedan lätt hinna ifatt

Kronohäktet hyser nu "cellhotell".

smugglare och lägga beslag på smuggelgodset.

MALMGÅRDAR

På 1600-talet var det på modet att bygga fina sommarställen ute på landet, så kallade malmgårdar. På vår promenad stöter vi på två stycken, Heleneborg vid Pålsundet på Södermalm och Alstavik mitt på Långholmen. Båda uppfördes på 1670-talet, Heleneborg av tobakskompaniets direktör och Alstavik av den tyske hovbryggaren Ahlstedt. Man sparade inte på utgifterna och huvudbyggnaderna utsmyckades som små palats.

På Alstavik levde den välbeställde bryggaren livets glada dagar omgiven av familj och goda vänner. Men kontrasten till gårdens kommande öden blev dramatisk. År 1724 köptes den upp av staten och byggdes om till spinnhus, en straffinrättning dit man skickade kvinnor som kommit på kant med samhället. Nu var det slut på de glada dagarna. I spinnhuset måste man sona sina brott och göra rätt för sig. Nu gällde en lång arbetsdag på 15 timmar med hårt slit.

FÄNGELSETIDEN

Efter hand tillkom nya byggnader som uppfördes i nära anslutning till spinnhuset och som alla hade anknytning till fängelset. Man byggde fler fängelsekomplex med celler, arbetssalar, verkstäder och rastgårdar. Sjukhus, kyrka och skolsal, liksom bostäder för fängelsepersonalen, grupperades runt Alstavik och

Långholmen fick tillnamnet fängelseön. I hela 250 år pågick fängelseverksamheten men i slutet av 1900-talet blev kostymen för trång och man flyttade till andra lokaler.

EN NY ERA

Idag upplever Alstavik och de gamla fängelsebyggnaderna en renässans efter att ha rustats upp och förvandlats till en konferensanläggning med hotell, värdshus, pub och fängelsemuseum. Nu råder åter glada dagar och skratten ekar i korridorerna vid högtidsfiranden av olika slag. Värdshuset serverar god mat och nere i de gamla, ruskiga isoleringscellerna, där fångarna fick leva på vatten och bröd, kan man idag få vara med om vinprovning och smaka på delikata ostar.

MÄLARVARVET

Ungefär samtidigt som Alstavik och Heleneborg byggdes anlade Skutskepparskrået ett varv på öns sydöstra udde, Stockholms äldsta. Under 1800-talet upplevde varvet en expansiv period med många anställda och flera bostadshus uppfördes då. De står fortfarande kvar och utgör nu Stockholms enda arbetarby.

EXOTISKA VÄXTER FRÖAR AV SIG

På öns nordvästra del ligger Karlshälls

Fängelset har blivit restaurang med populär uteterrass.

Mälarvarvet, Stockholms äldsta varv.

Gård som idag driver konferensverksamhet med festvåning och restaurang. Huset byggdes 1837 som bostad åt fängelsets byggnadschef men övertogs snart av brännvinsfabrikören LO Smith, som lade ner stora pengar på om- och tillbyggnader.

Men det var hans trädgårdsanläggningar som blev mest omtalade och det som är intressant idag är att mängder av de exotiska växter brännvinskungen förde med sig hem från sina affärsresor i fjärran länder nu har uppgått i öns flora.

HÖGALIDSKYRKAN, ETT RIKTMÄRKE HÖGT UPPFLUGEN PÅ GRÖN KULLE

Innan vi kommer ner till Långholmen från T-banan får vi inte missa chansen att njuta av lugn och ro i park och kyrka. Vi startar alltså promenaden vid Högalidsparken och tittar in i den pompösa tegelstenskyrkan från 1920-talet som dominerar parken

”Tullare jagade smugglare i dyigt sund.

högst uppe på berget. På vägen ner till Pålsundet passerar vi malmgården Heleneborg och lite längre västerut ligger Lasse i Parken, en oas mitt i stan. Här finns idag ett café med lummig trädgård i en röd liten stuga, som var krog redan på 1700-talet.

FINA VYER OCH LUMMIG NATUR

Promenaden runt Långholmen ska göras medsols för det vackra panorama som öppnar sig från öns nordöstra hörn. Alltså viker vi av mot nordväst efter Pålsundsbron och tittar först på minnesmärket, i form av en papperssvala, på platsen där ett Jasplan störtade 1993 innan vi slinker in under Västerbron.

Strax efter bron passerar vi de gamla fängelsebyggnaderna i ny skepnad och kanske äter en lunch i värdshuset eller dricker en kopp kaffe med dopp i Café Rastgården. Lilla och Stora Knapersta, två röda gamla trähus, skymtar fram mellan lövverket bortom kronohäktet. Här har en tapetmakare respektive kakelugnsmakare sina verkstäder och håller de gamla skråhantverken vid liv.

Vi fortsätter ner mot Långholmskanalen och följer den fram till Karlshällsgård, där man med lite fan-

Småbåtar från förr trängs i Pålsundet.

Trivsamt café i prunkande örtagård med Bellmanmuseum.

tasi kan ana konturerna av den trädgård som på sin tid betraktades som en av de vackraste i Stockholm.

Lite längre fram, efter ett prunkande koloniområde ligger Sjötullen, Rankhyttan och Stora Henriksvik, som alla ursprungligen hade anknytning till tullverksamheten på ön. Stora Henriksvik hyser idag ett Bellmanmuseum och ett charmigt sommarcafé.

Den fina köksträdgården som omger huset har också något att berätta. Det är en malmgårdsträdgård, som den kunde se ut vid slutet av 1700-talet i Stockholm.

Nu väntar en fin promenad med vackra vyer över Riddarfjärden innan

M MUSEER

1. Långholmens Fängelsemuseum
tfn 720 85 00 | www.langholmen.com

2. Bellmanmuseet
tfn 669 69 69
www.storahenriksvik.se/bellmanmuseet

RESTAURANGER

1. Seyhmus ....
tfn 658 55 55 | www.seyhmus.nu

4. Långholmens Wärdshus .....
tfn 720 85 50
www.langholmen.com

vi når varvsområdet, där de gamla personalbostäderna utgör ett pittoreskt inslag i miljön.

Tillbaka till Pålsundsbron är cirkeln sluten och vi kan för en stund förflytta oss till 1600-talet igen och föreställa oss hur de gamla tullarna jagade smugglare runt ön. Ett sätt att få dem på skam var att slå ner en mängd pålar i dyn i sundet mellan Södermalm och Långholmen. Därav namnet Pålsundet.

CAFÉER

2. Café Kristinehovs Malmgård
tfn 668 95 68
www.kristinehovsmalmgard.se

3. Lasse i Parken ....
tfn 658 33 95 | www.lasseiparken.se

5. Café Rastgården ....
tfn 720 85 00

6. Café Stora Henriksvik ....
tfn 0709 384 652
www.storahenriksvik.se

7. Mors Stuga ....

Gammal träbåt rustas upp till sin forna glans.

13. Reimersholme och Tantolunden

Brännvinskungens ö och prunkande kolonilotter

Start Ⓣ **Hornstull,** Uppgång: Hornsbruksgatan

ca 6 km | 1 h 15 min | 8 400 | Ja | Ja (ej Tantolunden

På Reimersholme minner stora konjakstunnor om en blomstrande industri som fick extra skjuts av billig arbetskraft från Långholmen och i Tantolunden kan vi glädjas åt de blomstrande kolonilotterna som klättrar uppför bergssidorna.

Räkingeholmen, som var det äldsta kända namnet på Reimersholme, var länge en obebodd, bergig och ganska ogästvänlig ö. Det var först på 1700-talet som ett litet hus med två flyglar dök upp i rullorna och det var här prästen vid spinnhuset på Långholmen bodde i slutet av århundradet. Någon bro över till ön fanns inte så prästen fick ro till sitt arbete. Så småningom flyttade han till Långholmen och direktören för spinnhuset Anders Reimers övertog huset på Räkingeholmen.

Anders Reimers var en driftig

man. Från att ha börjat sin karriär som hattmakare blev han rådman, riksdagsman och fick flera höga ämbeten inom offentliga institutioner. Hans ekonomi blev allt bättre och han hade råd att förbättra och bygga till sin gård. Dessutom anlade han en trädgård och en engelsk park i anslutning till huset.

Eftersom ön var karg och steril förde han dit stora mängder jord på pråmar, sprängde berg och uppförde terrasser. Litet av detta kan man än idag se på en promenad runt gården och hans trädgårdsintresse har också medfört att ön har en helt unik flora med inte mindre än 270 olika växter.

Hans betydelse för ön resulterade i att hans vänner reste en sten år 1798 till hans ära och döpte ön till Reimersholm. Stenen finns fortfarande att beskåda på öns norra sida.

INDUSTRITIDEN

Redan på 1700-talet fanns det en salpetersyrafabrik på ön och än fler industrier skulle med tiden etablera sig här. 1815 byggdes den första bron över till ön och den blev därmed mer tillgänglig. Billig arbetskraft fanns också att få från fängelseön, Långholmen, på andra sidan sundet.

I slutet av 1800-talet fanns här en yllefabrik, ett fotogenraffinaderi och en spritfabrik. Av dessa var det spritfabriken som skulle komma att fylla löpsedlarna en tid framöver och Sverige hade fått en brännvinskung, Lars Ohlsson Smith.

Lars var en fattig bondson från

Lasse i Parken – omtyckt café, med gamla anor.

Vy över Långholmen från Reimersholmsbron.

Blekinge som sökte sin lycka i huvudstaden. Med en stor portion tur och driftighet slog han sig fram och bildade en grosshandelsfirma, som gick så bra att han kunde förvärva en del av Reimers egendom och starta en spritfabrik där.

Lars använde sig av en helt ny reningsprocess, där den illaluktande och hälsovådliga finkeloljan så gott som eliminerades. Han sålde sitt renade brännvin till låga priser och lockade kunderna med fria båtresor. Båtarna lade till nedanför den Smithska villan Karlshäll på Långholmen och sedan travade tusentals människor över den lilla bron till Reimersholme för att komma över de åtråvärda dropparna. Det här gillades förstås inte av etablissemanget och ett regelrätt spritkrig bröt ut, där L.O. Smith gick ut med segern. Utskänkningsbolaget fick ge upp och ett nytt bolag bildades, där L.O. Smith innehade aktiemajoriteten. Och, kanske det allra viktigaste, det nya renade brännvinet förordades av riksdagens brännvinskommitté.

EN TUR I GRÖNSKANDE NATUR MITT I STAN

En promenad runt Reimersholme kan kombineras med en liten rundtur på Södermalm längs Årstavikens fina stränder och bland dekorativa kolonistugor på Söders höjder.

Vi startar vid Högalidsparken och njuter av grönskan innan vi går in på Pålsundsgatan, som leder rakt ner mot vattnet och Pålsundet. Här ligger gamla, fina träbåtar förtöjda längs kajerna och minner om gångna tider.

REIMERSHOLME

När vi gått över bron till Reimersholme möts vi av en bostadsbebyggelse från 1900-talets senare hälft och det är inte mycket kvar idag som minner om gångna tider. Turligt nog har man sparat grönområden längs öns stränder som är som gjorda för en trivsam promenad.

Håll utkik efter konstverk som satts upp här och var men titta först på de stora konjakstunnorna på kajen, som erinrar om brännvinstiden på ön. Ett annat industriminne i form av en gammal cistern dyker upp strax efter tunnorna och längst ute på udden står Galaxen, ett roterande sjömärke som drar blickarna till sig.

Vi rundar udden och har en grön och lummig promenad längs Långholmskanalen att se fram emot. Om vi viker in mellan huskropparna kommer vi upp till Anders Reimers malmgård som ligger lite inklämd och ser vilsen ut bland de omgivande, nyare husen.

POPULÄRA STRÄNDER OCH OMTYCKT REKREATIONSPARK

Efter Reimersholmsbron fortsätter promenaden längs Bergssunds- och Hornstullsstrand. I början är stranden kantad av stora, vackra pilar, vars grenar hänger långt utanför vattenytan. Sedan går vi längs en kajkant förbi Liljeholmsbadet, som flyter på vattnet strax före Liljeholmsbron. Flera restauranger kantar strandlinjen med bästa tänkbara lägen och en varm sommardag kryllar det av människor här. På helgerna är det marknad, som drar ännu mer folk och inne i Tantolunden på andra sidan bron är gräsmattorna fyllda av solande och lekande barn och vuxna.

IDYLLISKA KOLONISTUGOR

Strax före berget går vi upp för en trappa förbi det "lilla huset med träd genom taket" och passerar flera trivsamma kolonistugor med prunkande täppor och härlig utsikt över Årsta-

Malmgård blir dagis.

Konjakstunnor och cisterner berättar om öns dynamiska industriperiod.

Skön promenad i lummig grönska längs Långholmskanalen.

viken. Stugor liksom täppor har det funnits här i över 100 år men i början odlade man för överlevnadens skull. Kolonilotterna kom till på grund av industrialismens negativa influens på människors levnadsvillkor. Det började i Leipzig i slutet av 1800-talet, där man insåg att något måste göras för de fattiga. Idén var att hyra en större markbit och arrendera ut smålotter för en billig penning till industriarbetarna. Över hela norra Europa spred sig idén och i Stockholm började Anna Lindhagen, som arbetade som fattigvårdsdirektris att engagera sig för införandet av kolonilotter även här.

Idag har förutsättningarna ändrats radikalt och den viktigaste anledningen att ha kolonilott är miljöombyte och rekreation. Och även vi som bara promenerar runt bland Tantos koloniområden mår bra av den fridfulla miljön.

Zinkensdamm – en oas i stenstaden.

RESTAURANGER

1. Seyhmus
tfn 658 55 55 | www.seyhmus.nu

7. Strand
tfn 720 85 50
www.hornstullstrand.se

11. Zinkensdamm
tfn 616 81 00 | www.zinkensdamm.com

Alternera promenaden:

» Se de ljusgröna markeringarna

Kolonistugor med prunkande täppor klättrar uppför berget och det gör vi med.

CAFÉER

2. Café Kristinehovs Malmgård
tfn 668 95 68
www.kristinehovsmalmgard.se

3. Lasse i Parken ....
tfn 658 33 95 | www.lasseiparken.se

4. Brofiket ....

5. Reimers Kafé och Bistro ......

6. Café Reimersholme Hotel ....
tfn 444 48 88
www.reimersholmehotel.se

8. Loopen Marina ....
tfn 84 42 85 | www.loopen.se

9. Bara ute ....
tfn 669 58 55 | www.baras.se

10. Tantolundens Bangolfklubb...
tfn 669 82 95
www.tantogarden.com

Höghus och småstugor samsas runt Högalidskyrkan.

14. Södermalms gröna lunga

Backe upp och backe ner från gammal sjöbotten till Stockholms högsta topp

Start T Slussen

ca 6 km | 1 h 15 min | 8 400 | Ja | Nej

Promenaden går genom fina parkstråk, passerar idylliska kolonistugor med rara trädgårdstäppor upp på Skinnarviksbergets kala klipphällar och följer sedan Mariabergets höga klippkant på träbryggor.

Utsikten från bergen är hisnande och erbjuder utblickar över Riddarfjärden mot Norrmälarstrands alla fina gavelhus, Stadshusets graciösa tegelsilhuett, Riddarholmens 1600-talspalats och Gamla Stans kyrktorn.

När vi dyker upp ur underjorden från T-banan kommer vi rakt ut på Ryssgården med sin strömmingsbod och sina frukt- och grönsaksstånd. Bodar och stånd har det nog funnits här så länge man kan minnas men under 1600 - 1800-talen hade de tillnamnet "ryske". Det var nämligen här som ryska handelsmän hade fått rätten att idka fri handel efter freden i Stolbova år 1617 på samma sätt som svenskarna hade rätt att idka handel i Moskva.

På den tiden var utbudet dock helt annorlunda än idag. Då dignade stånden av pälsskinn, ryska piskor,

Maria Magdalena Kyrka

stövlar och remtyg. Om vi sneddar över torget kan vi blicka ner på Stadsmuseets gårdsplan med Café Ryssgårdens mysiga uteterrass i blickfånget.

Sedan går vi ut på Hornsgatan och försvinner in på Maria Magdalenakyrkans kyrkogård och kanske sätter oss ner på en bänk och tittar upp mot kyrkans tornklocka. Klockan fick gjutas om efter den stora branden år 1759, då både kyrkan och stora delar av Mariabergets alla trähus brann ner till grunden. Det är från denna tid som mycket av den nuvarande bebyggelsen på berget härstammar och nu

Fatbursparken bjuder på fantasifulla konstverk i långa rader.

byggde man i sten istället för i trä för säkerhets skull.

PROMENAD PÅ GAMMAL SJÖBOTTEN

Vi fortsätter in på Kvarngatan, förbi Södra Latins Gymnasium och går nedför trapporna in i Fatbursparken på gammal sjöbotten. Den första byggnaden vi träffar på här är det gamla banmästarbostället från järnvägsepoken, där utekrogen Tegelhuset numera huserar. Till vänster rakar Söder Torn i höjden och rakt fram ramar Bofills båge in parken på ett tilltalande sätt.

Parkens gångvägar kantas av fågelbärsträd och fantasifulla skulpturer, en oas i stenstaden men ännu trevligare hade det nog varit om sjön fått vara kvar. Nu väntar en lång, rak

Bofills Båge med vattenspel i förgrunden.

gång- och cykelväg, Södermalmsallén, på att föra oss bort mot Ringvägen in i Tantolunden.

RACKARBACKEN

Om du har spring i benen kan du göra en trevlig omväg in i lunden via Rosenlundsparken och sedan längs Årstaviken in under de två Årstabroarna. Du passerar då Rackarbacken, där man idag kan sitta i lugn och ro och röka vattenpipa på Rackarbackens café med härlig utsikt över viken och samtidigt kanske fundera lite över hur det var här förr i tiden.

Vid sekelskiftet 1900 var detta nämligen ett tillhåll för stadens värsta slödder och så sent som på 1930-talet fanns rackarbostället kvar, där rackaren bodde. Det var en man som

fick utföra s.k. orena sysslor som att hänga folk, avliva hundar, slakta hästar och skaffa undan as.

MALMGÅRDAR

Vi går vidare nedför backen genom Eriksdalslunden och in under broarna, där Molitors malmgård ligger lite i skymundan och inte gör något väsen av sig idag. På 1700-talet däremot ägdes gården av en apotekarsläkt som var känd för sina fina odlingar av medicinalväxter i den stora trädgården i Tantolunden.

Härifrån travar vi vidare uppför en backe och ansluter till den "riktiga" promenaden vid Ekermanska malmgården. Gården byggdes på 1700-talet av borgmästare Ekerman och omfattade då flera små hus som senare byggts samman till en lång huslänga. Nu ligger den tyvärr inklämd mellan tågspår och bullriga Ringvägen men på 1700-talet var den omgiven av stora tobaksodlingar och trädgårdar med fruktträd och bärbuskar. Detta blev en tillflyktsort för den välbärgade Ekermanska familjen med vänner som spatserade runt i trädgården och satt och konverserade i lusthusen.

Något av detta kan även vi få uppleva om vi promenerar in i Tantolunden och går runt på de små grusgångarna uppe på Tantoberget. Här ligger de små röd- och gulmålade kolonistugorna bland spirande fruktträd, vinbärsbuskar, hallonsnår och rosenbuskar.

KARPDAMMAR OCH GUBBHUS

Så kommer vi fram till Zinkensdamm som har anor så långt tillbaka som till 1660-talet. Då anlades här en stor trädgård med karpdammar som låg längs Fatbursjöns utflöde. En gård byggdes, som några årtionden senare inköptes av klädhandlaren Franz Zinck och fick då namnet Zinkensdamms Gård. Idag finns inget kvar av varken gård eller dammar men ett trevligt vandrarhem med restaurang och café ligger i stället här och frestar i lugn miljö.

På andra sidan Hornsgatan ligger nästa gård, Kristinehovs malmgård. Gården byggdes på 1790-talet av grosshandlare Diedrichsson som var ledamot i styrelsen för Borgerskapets Gubbhus. Gubbhuset var en institution för fattiga män från Stockholms stads borgerskap och gården donerades senare till gubbhuset. Idag har den tagits över av Stockholms Stad och ska renoveras och återställas till ett 1790-talsskick igen men norr om gården har borgarna fått ett annat större hus, Borgarhemmet, som stod färdigt att välkomna Stockholms ”borgarpensionärer” år 1908.

FINA VYER OCH GAMLA TRÄKÅKAR

Nu väntar ett härligt promenadstråk genom ett park- och klipplandskap från höga höjder över Riddarfjärden. Redan från Münchenbacken kan vi blicka ut över fjärden med Norrmälarstrands fina gavelhus på rad och

Missa inte Yttersta Tvärgränds 1700-talshus.

Monteliusvägen erbjuder härliga vyer över stan.

när vi forcerat backen upp till Skinnarviksbergets högsta topp är utsikten än mer spektakulär. Här kan vi från vänster till höger zooma in Långholmen, Västerbron, halva Kungsholmen, Norrmalms höghussilhuett, Riddarholmen och Gamla Stan. Men innan dess tittar vi in på Yttersta Tvärgränd med sina gamla 1700-tals stenhus.

Andra fina 1700-talshus hittar vi på andra sidan berget men nu i trä med små täppor som avgränsas från gatan med träplank och syrenhäckar. På 1700- och 1800-talen bodde här fattiga arbetare som arbetade på olika tobaksodlingar, textilfabriker och bryggerier och nere vid viken höll skinnarna och garvarna till.

Ett bryggeri, Münchenbryggeriet, har bevarats åt eftervärlden och nu finns här ett konferenscenter, en gymnasieskola och Kungliga Svenska Balettskolan. Även Ludvigbergs mekaniska Verkstad strax bredvid finns kvar.

Kvarleva från förr på Skinnarviksberget.

MARIABERGET

Efter Gamla Lundagatan med sina välbevarade 1700-talshus och stora trädgårdar passerar vi Lundabron och kommer upp på ett annat berg, Mariaberget. Vår promenad går längs Riddarfjärden på höga höjder på Monteliusvägen i parkgrönska och på träbryggor, som hänger på klipporna nedanför Bastugatans gamla 1700-talshus med sina prunkande trädgårdar. Härifrån är utsikten över Stockholm helt betagande men har man sett den några gånger är det kanske dags att botanisera runt på de små gränderna och gatorna högre upp på berget.

Brännkyrkagatan har mycket att erbjuda liksom Bastugatan och Lilla Skinnarviksgränd som lockar med fina, låga trähus från 1700-talet. Från början bodde här fattigt folk som arbetade på alla industrier som fanns i grannskapet på den tiden men i slutet av 1800-talet och på 1900-talet blev området något av ett konstens Montmartre. Här bosatte sig målare, skulptörer och andra konstnärer, författare och hantverkare och idag kan man titta in i gallerier och hantverksbodar lite varstans i området.

KULLERSTENSGATOR OCH FINA 1700-TALSHUS

Efter Monteliusvägen viker vi in på Bastugatan och går nedför Pryssgränd med sina runda kullerstenar och vackra 1700-talsbebyggelse. När vi går här nedför Pryssgränd och uppför Pustegränd kan vi lätt förstå äldre generationers vedermödor att ta sig fram bland branta backar och trappgränder.

I slutet av 1800-talet underlättades situationen dock betydligt då nya gator sprängdes fram och både Mariahissen och Katarinahissen byggdes. Men vi som inte tagit hissen pustar lite i trapporna på Pustegränd och dyker sedan upp på stökiga Hornsgatan efter en lugn och fridfull promenad genom grönskande parker och på kullerstensgator i idyllisk 1700-talsmiljö mitt i stenstaden.

M MUSEER

1. Stockholms Stadsmuseum
   tfn 508 31 620
   www.stadsmuseum.stockholm.se
2. Måleriyrkets museum
   tfn 668 66 19 | www.malerimuseum.nu
3. Ivar Lomuseet
   tfn 658 25 84

Alternera promenaden:

» Se de ljusgröna markeringarna. Utnyttja T eller B nr 4

Kullerstensgator backe upp och backe ner minner om gångna tider.

RESTAURANGER

3. Stavros Taverna ....
   tfn 0768 792 959
   www.stavrostaverna.se
4. Södermanna ....
   tfn 643 18 05 | www.sodermanna.se
5. NürnbergHuset ....
   tfn 644 88 05 | www.nurnberghuset.se
6. Hellströms ....
   tfn 643 46 00 | www.hellstromsbar.se
7. Shanti Softcorner ....
   tfn 643 97 00 | www.shanti.se
8. Stekpannan..........................
   tfn 720 37 30 | www.stekpannan.com
9. Sushi 7:an ....
   tfn 0700-22 77 68
10. Zinkensdamm ....
    tfn 616 81 00
    www.zinkensdamm.com
11. Seyhmus ....
    tfn 658 55 55 | www.seyhmus.nu
13. Bysis ....
    tfn 84 59 10 | www.bysis.nu

CAFÉER

1. Kafé Ryssgården...................
   tfn 442 16 40, 508 316 50
   www.stadsmuseum.stockholm.se
2. Tegelhuset ....
12. Café 1790 ....
    tfn 668 95 68
    www.kristinehovsmalmgard.se
14. Söderfiket Rackaren ....
15. Café Rhodos ....

15. Högt över Stadsgården

Träkåkar och gamla stenhus på Söders höjder

Start Ⓣ **Slussen,** Uppgång: Götgatan

4 km | 45 min | 5 600 | Nej | Nej

Backe upp och backe ner går vår promenad på trånga gränder kantade av vackra hus från förr och branta trappor leder oss vidare längs välskötta trädgårdstäppor och pittoreska trähus.

När vi kommer upp från tunnelbanan hamnar vi mitt i Götgatsbacken, idag en populär gågata, kantad av affärer, trivsamma caféer och restauranger. Men om vi levt på medeltiden hade vi befunnit oss ute på landet, på Gamla Göta Landsväg, i karg och obändig natur.

Långt nedanför backen, vid vattenbrynet hade vi sett två försvarstorn med portar som ledde in i Stockholms Stad och på tornens båda sidor ute i

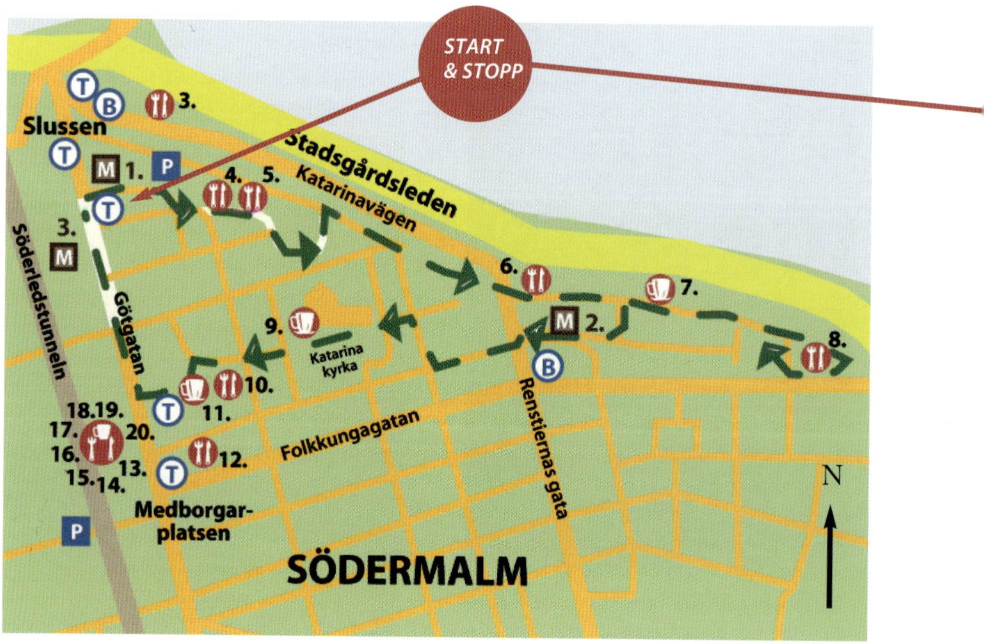

Mosebacke Torg – en gång de nöjesgladas högborg – idag en fridfull oas.

vattnet hade det legat segelfartyg för ankar. Vi hade sett stadens försvarsmurar och gamla hus som tornade upp sig längs krokiga gränder och några kyrktorn som bildade en fin silhuett mot himlen.

Nere vid Slussen, som inte var någon riktig sluss på den tiden, var man tvungen att dra eller staka upp båtarna mot vattenströmmen, som också försåg ett antal vattenkvarnar med kraft. På båda sidor om brofästet rakade Mariaberget och Katarinaberget i höjden med rader av dekorativa väderkvarnar längs åsarna. Båda bergen stupade mer eller mindre rakt ner mot vattnet och framkomligheten på den smala strandremsan var inte den bästa men vid träbroar och kajer låg segelskutorna tätt.

STADSGÅRDEN

Nere vid Stadsgården kokade man

Hotad stadssilhuett?

tran och flera tran- och sälbodar dök upp längs stranden. Så småningom uppstod en fast bosättning på ön och uppe på höjderna bredde träkåkarna ut sig alltmer i takt med att fler verksamheter flyttades ut till malmarna. Vid Stadsgården höll tjärbrännare, timmermän, sjömän och fiskare till och flera krogar trängde ihop sig bland träruckIen på stranden. Men hur skulle man nu ta sig fram mellan jobbet och bostaden? Jo, man byggde branta trätrappor längs med hela bergssidan, som t.ex. Lokattens trappor och Sista Styverns trappor.

Lokatten och Sista Styvern var också namn på två krogar nere vid Stadsgården. Av dessa trappor finns en del av Sista Styverns trappa kvar uppe vid Fjällgatan och den ledde på sin tid upp till Galgberget. Det var på krogen Sista Styvern som de stackars dödsdömda tog sin sista tröstsup innan de fick ta trapporna upp till en säker död.

Inte förrän vid sekelskiftet 1900, när man började spränga för bättre framkomlighet och bergen kapades av till oigenkännlighet, slapp söderborna trappspring och höga uppförslut. Nu ersattes trapporna av hissar och breda vägar i stället. Illaluktande trankokning och slamrande skeppsbyggande ersattes av tåg och biltrafik som tyvärr inte gjort miljösituationen särskilt mycket bättre.

Radhuslänga à la 1700-tal.

MOSEBACKE TORG

På båda sidor om Götgatsbacken finns en del av det gamla medeltida gatunätet bevarat med smala, vinda gränder. Urvädersgränd är en av dem och vi viker av här och beundrar de gamla, fina stenhusen på vår promenad upp till Mosebacke torg. Namnet härrör från en kvarn, Mosis kvarn, som låg här uppe på 1600-talet och som ägdes av en mjölnare som hette

Moses. Efter en brand här uppe på berget år 1857 passade man på att anlägga ett torg, som visade sig vara ett riktigt lyckokast. Platsen blev mycket populär med sitt fina läge och vackra utsikt från den intilliggande terrassen.

År 1883 byggdes den första Katarinahissen, som gjorde det lätt att ta sig hit och folk strömmade till från alla håll för att roa sig. Här fanns det dansbana, flera karuseller, kägelbanor, restauranger, caféer och två teatrar, Södra Teatern och Wallmans Salonger. Idag är det lite lugnare här men Södra Teatern finns kvar och på terrassen kan man äta en bit mat och ta sig en svängom på dansbanan. Mat kan vi också få om vi går över bron till restaurang Gondolen som ligger högt uppe i Katarinahissen. Härifrån är utsikten hisnande över stora delar av innerstaden.

GLASBRUK OCH TRÄDGÅRDSTÄPPOR

Vi fortsätter promenaden via Mosebacketerrassen på parkvägar ner mot Glasbruksgatan. Här låg det på 1600-talet ett glasbruk och längst bort på gatan ligger ett stort gult hus, som från början var en klädfabrik. Under 1800-talet blev det en inrättning för arbetslösa brottslingar, alkoholister, psykiskt sjuka och föräldralösa barn. Under en tid bodde här mer än 400 personer och hela området var länge ett fattigkvarter med invandrade italienare som tjänade sitt uppehälle som positivhalare och djurtämjare. Strax är vi framme vid Mäster Mikaels gata med sina rödmålade trähus från 1700-talet. Här ligger också flera trädgårdstäppor som det är trevligt att titta in i och kanske sitta en stund på en bänk och filosofera. Täpporna fortsätter på andra sidan Renstiernas gata som ju sprängts ut ur berget.

Förr fortsatte man bara rakt fram på Mäster Mikaels gata som här bytt namn till Fjällgatan efter sprängningen. Längs gatan finns flera gamla hus från 1700- och 1800-talen i trä eller i sten och utsikten härifrån är helt fantastisk, vilket gör gatan till en av Stockholms allra vackraste. Ett bra sätt att njuta av vyerna härifrån sommartid är att äta en bit mat eller dricka en kopp kaffe på någon av de

Måbraaktiviteter och gott vegetariskt hägrar på Hälsans Hus.

Anna Lindhagen – ivrig kulturbevarare.

tre uteserveringarna som ligger längs gatan. En av dem, Kaffestugan, var på 1800-talet ett våghus med en rullbana som förde varor ner till hamnen härifrån.

Att vi idag kan få uppleva denna fina miljö med husen och täpporna från förr är till stor del Anna Lindhagens förtjänst. Hon bodde på Fjällgatan på 1930-talet och engagerade sig starkt i att bevara gamla Stockholmsmiljöer. Här uppe hittar vi också två malmgårdar, Schinkels malmgård på Fjällgatan 27-29 och Ersta malmgård vid Erstagatan.

RÖDA SÖDERKÅKAR

På tillbakavägen går vi uppför Sista Styverns trappor och sneddar in bland trädgårdstäpporna till höger och väl uppe på Stigbergsgatan går vi till vänster och tittar in i Anna Lindhagens egen täppa med lusthus från 1700-talet. Längs gatans norra sida ligger träkåkarna kvar som förr med sina små täppor bakom röda plank medan den södra sidan bebyggts med

Vy från Fjällgatan – Stockholms mest kända utsiktsplats.

Klocktornet vid Ersta Sjukhus.

nyare hus. Ett hus nästan längst ner på gatans norra sida kräver särskild uppmärksamhet. Det är blockmakarens hus som inte renoverats till modern standard som övriga gamla hus i området utan i stället återställts som det var på 1920-talet.

Idag ordnar Stadsmuseet visningar vår och höst och ett besök här är väl använd tid. Museets guider ger en fin inblick i hur söderborna levde sina liv här från 1700-talet ända in mot mitten av 1900-talet.

På andra sidan gatan kastar vi en blick på Norska Kyrkan innan vi går nedför mamsell Josabeths trappor och sedan över Renstiernas gata in på Tjärhovsgatan.

KRISTEN KYRKA OCH MUSLIMSK MOSKÉ

Nu är det inte långt kvar till Katarina Kyrka. Vik bara av uppåt på Nytorgsgatan så skymtar kyrkan strax fram

Erstaterrassen – populär servering på hög klippavsats.

Uppiffat, gammalt trähus från förr.

mellan trädstammarna. Katarina Kyrka har inte varit förskonad från eländes elände. Den byggdes i slutet av 1600-talet och var ämnad att utgöra en del av ett stort projekt som kung Karl X Gustav planerade. Här skulle det ligga ett stort slott och flera ämbetsverk. Men kungen dog och de stolta planerna rann ut i sanden.

Vid den stora Katarinabranden 1723 skadades kyrkan svårt och kyrkklockorna smälte i hettan och så var det dags för en ny brand 1990 som var så kraftig att bara murarna återstod. Men nu står kyrkan där igen i all sin prakt och kyrkogården skänker lugn och ro i stenstaden. Om du har tid, ströva då gärna runt bland gravstenarna och notera alla namn på kända söderbor som levt och verkat här under århundradenas gång.

Nu skiljer bara en kort sträcka på Kapellgränd en helgedom från en annan. År 2000 invigdes Stockholms moské här i en kraftstation från 1903 ritad av Ferdinand Boberg. Byggnaden visade sig vara väl lämpad som moské, då den dels är vänd mot Mecka och dessutom visar upp en arkitektur i andalusisk- marockansk stil med kakelmosaik och arabisk ornamentik.

PELARBACKEN – STOCKHOLMS GOLGATA

Uppe på berget ovanför moskén låg under medeltiden Södermalms äldsta avrättningsplats och här i närheten låg också Helga Kors kapell. Platsen kom att heta Pelarbacken efter tre stenpelare med motiv från Jesus väg från den romerske ståthållarens hus till galgberget Golgata. Stenarna markerade Stockholms egen Via Dolorosa mellan rådhuset i gamla Stan och Pelarbacken.

BJÖRNS TRÄDGÅRD

Nedanför moskén ligger Björns Trädgård, en grönskande park med ett gult stenhus med brutet tak och spröjsade fönster. Det är resterna av Björns malmgård med anor från 1600-talet. Under årens lopp har gården haft många ägare som nästan alla intresserat sig för trädgårdskonst.

I slutet av 1800-talet ägdes gården av Carl Fredrik Björn, en medicinare som intresserade sig för läkeväxter och lät anlägga en botanisk mönsterträdgård här. Av malmgårdens alla hus och trädgårdsanläggningar finns idag bara det gula huset kvar som skvallrar om gångna tider.

ÖLHALL MED ANOR OCH LIVLIGT BESÖKTA UTESERVERINGAR

På andra sidan Björns Trädgård ligger Kvarnen, en av Stockholms få genuina ölhallar i ursprungligt skick. Men öl kan man också få på annat håll. Särskilt under sommartid flödar ölet på Medborgarplatsens alla uteserveringar och här kan man också äta en bit mat och må riktigt gott i sommarsolen om man undviker att sitta alltför nära den starkt trafikerade Götgatan.

Medborgarplatsen var under 1800-talet ett livligt salutorg, dit jordbrukare kom med tåget för att saluföra sina produkter och då hette torget Södra Bantorget. I samband med att Medborgarhuset byggdes på 1930-talet fick det namnet Medborgarplatsen. Idag är Medborgarplatsen ett ganska kalt torg utan grönska men lever upp under sommarmånaderna med fullsatta uterestauranger och ett

Katarina Kyrka – återuppstånden ur askan.

Gammalt palats på medborgarplats blickar upp mot kyrka och moské.

myller av människor som hastar över torget för att handla i Söderhallarna, gå på bio eller kanske bara gå ner i den lummiga Fatbursparken och njuta en stund på en bänk i solen.

SJÖ BLIR PARK OCH PARKER BLIR STENÖKEN

Om vi tänker oss att vi står på trappan ner mot Fatbursparken med Medborgarplatsen i ryggen kan vi försöka förflytta oss tillbaka till 1600-talet. Framför oss skulle vi ha den fina Fatbursjön och bakom oss skulle tre pampiga malmgårdar breda ut sig med manbyggnad och flyglar. Herrskapsfolk skulle flanera omkring i de vackra

MUSEER

1. **Bellmanhuset**
   tfn 076 785 58 00
   www.bellmanhuset.se
2. **Blockmakarens hus**
   tfn 508 316 20
   www.stadsmuseum.stockholm.se
3. **Almgrens Sidenväveri**
   tfn 642 56 16 | www.kasiden.se

CAFÉER

1. **Muggen** ....
   tfn 641 14 15 | www.muggen.se

7. **Fjällgatans Kaffestuga** ....
   tfn 643 14 40

9. **Café Katarina** ....
   tfn 743 68 47/743 68 00

11. **Babylon** ....
   tfn 640 80 83

14. **Café Söder Espresso** ....
   tfn 643 49 40

21. **Södergården** ....
   tfn 643 66 89
   www.södergården.com

26. **Sandys** ....
   tfn 694 80 40 | www.sandys.se

RESTAURANGER

2. Old Beefeater Inn ....
tfn 641 42 72

3. Eriks Gondolen ....
tfn 641 70 90 | www.eriks.se

4. Södra Bar & Kök ....
tfn 531 993 09

5. Mosebacke Etablissement ....

6. Hermans ....
tfn 643 94 80 | www.hermans.se

8. Ersta Terrass.......................
tfn 714 61 07 | www.convegno.se

10. Al Madinah.......................

12. Kvarnen ....
tfn 643 03 80 | www.kvarnen.com

13. Orkidé Thai Restaurang ....
tfn 641 88 65
www.restaurangorkide.se

15. Oj oj oj Bistro Bar ....
tfn 642 80 03

RESTAURANGER

16. Göta Ark..........................
tfn 642 42 42 | www.gotaark.se

17. Kvarnen ....
tfn 643 03 80 | www.kvarnen.com

18. Medis Kök & Bar ....
tfn 615 14 69
www.mediskokochbar.se

19. Melanders Bakficka ....
tfn 644 40 40 | www.melanders.se

20. Snaps ....
tfn 640 28 68 | www.snapsbar.se

22. Fenix Bar ....
tfn 640 45 06 | www.fenixbar.se

23. Patrick's Bar ....
tfn 694 96 01 | www.patricksbar.se

24. Ljunggren ....
tfn 640 75 67
www.restaurangljunggren.se

25. Tiffanys ....
tfn 642 19 49

barockträdgårdarna med bästa sjönära läge.

Idag är det nog inte många som vet men gårdarna finns faktiskt kvar om än decimerade. Avkapad på mitten och illa inklämd mellan Katolska Kyrkan och tråkiga grå höghus på Folkungagatan ligger Paulis malmgård och i Björns trädgård skymtar Björns malmgård fram mellan kastanjeträden. På Medborgarplatsen ståtar Lillienhoffska Palatset som ett utropstecken i ensamt majestät vid det stensatta torget och saknar nog sin grönskande trädgård och vackra sjöutsikt.

Ytterligare en malmgård, Louis De Geers Palats, finns på andra sidan Götgatspuckeln och här skvallrar en fasad med vacker portal och vapensköldar om palatsets storhetstid.

Nu är vi snart framme vid tunnelbanan igen och släntrar upp för Götgatan med folk från när och fjärran som vill få sig en smakbit av den speciella atmosfär som råder på Söders höjder.

Alternera promenaden:

» Utnyttja T eller B nr 2, 3, 53, 71, 76, 96

16. Det gröna Gröndal

Saltsyrafabrik i vintervik

Start T S Liljeholmen

6 km | 1 h 15 min | ca 8 400 | Ja | Nej

Ända fram till början av 1800-talet var området "söder om Söder" en lantlig, orörd idyll. Här låg ett antal gårdar och torp utspridda bland skogar, åkrar och ängar. Flera krogar låg strategiskt vid vägkanten och Brännkyrka kyrka fick stå för den andliga spisen.

VINTERVIKSVÄGEN

För framkomligheten sörjde ett par landsvägar i nord-sydlig riktning och in till stan tog man sig via Skanstull eller över en flottbro vid Liljeholmen. Vägarna var ofta i dåligt skick och svåra att ta sig fram på, så när isarna lagt sig på vintern körde man över Mälarens fjärdar. En ofta utnyttjad "väg" gick över isarna från Fittja till Vinterviken och därefter tog man sig in genom dalgången över sjön Trekanten mot Hornstull.

På den tiden var det viktigt att få sträcka på benen då och då och efter en skakig färd på landsvägarna lockade värdshuset Kapphette vid Vinterviken med mat och dryck. Man tror att körkarlarna kappkörde på isen för att se vem som hann först till krogen. Därav namnet. Vid flottbron över till Hornstull låg en annan krog, Lillieholms Kroug, som både Lasse

Lucidor och Bellman besökt på sin tid. Båda beskriver lyriskt krogen och dess lantliga omgivningar i sina dikter.

INDUSTRINS FRAMFART

Redan på 1700-talet fanns några få industrier i området t.ex en tobaksfabrik och ett bryggeri men det var först under 1800-talet som industrierna kom att etablera sig här på allvar. Framförallt efter 1860 då Västra Stambanan drogs fram över Liljeholmen växte nya industrier upp som svampar ur jorden. De gamla gårdarna, bl.a. Stora Gröndal, Stora Katrineberg och Årsta Gård, styckades upp efter hand för att ge plats för industrierna. En brokig samling fabriker såg dagens ljus, där man bl.a. framställde svavelsyra, färg, stearinljus och dynamit.

På den tiden fanns det nästan inga bostadshus här förutom ett antal sommarställen, som från början varit små herrgårdar. Här låg de inbäddade i den lummiga naturen i ensamt majestät. Tänk er Stora Fågelsången och

Stora Fågelsången, gammal gård i skuggan av Essingeleden.

Stora Katrineberg, som fortfarande finns kvar, i denna lugna, härliga miljö utan störande trafikleder rakt över taken. Små ångslupar trafikerade Mälaren och släppte av sommargäster vid bryggorna och krogarna fylldes snabbt med törstiga och hungriga stadsbor som längtade ut till landet.

I och med industrins ankomst ändrades bilden dock totalt. Nu strömmade arbetarna till fabrikerna och behövde ha någonstans att bo. Allt gick väldigt fort och en byggboom tog fart. Arbetarna fick flytta in i primitiva hus utan vatten och avlopp. Isoleringen var dålig, det var kallt och rått och epidemier frodades. Bostadsstandarden var helt enkelt urusel och skulle så förbli i lång tid framöver.

Sol och bad vid Mörtviken.

FRÅN FABRIKER TILL BOSTÄDER

Industrins etablering i området började avta vid mitten av 1900-talet och flera fabriker försvann härifrån. Den trenden har fortsatt allt sedan dess och gamla fabriksbyggnader rivs för att ge plats åt bostadsbyggande. I början gick man varligt till väga. De nya bostadshusen var ganska låga och låg utspridda i terrängen med plats för träd och gröna ytor mellan huskropparna. Exempel på detta är de berömda stjärnhusen i Gröndal.

Men så kom "förtätningsvågen" på 2000-talet. En ny vild byggspekulation poppade upp och precis som 100 år tidigare gick det snett. Men denna gång är det inte fel på bostadsstandarden utan nu är det fel på hu-

Villaidyll på Stora Essingen.

Här kan man till och med höra fågelsång, långt från stadens buller och bång.

sens placering och det gäller hela Stockholm. Husen byggs för tätt, för nära vattnet och ofta alldeles intill de stora trafiklederna. M.a.o. inte skönt, grönt eller tyst och definitivt inte bra för hälsan.

Välbesökt Bellmanskrog när det begav sig.

DET GRÖNA GRÖNDAL

Vi ska nu göra en promenad i Gröndal och måste tyvärr gå under den bullriga Essingeleden. I övrigt är det ganska tyst och vi går i vacker natur längs Mälaren bland lite äldre bebyggelse och sedan in i den gröna dalen vid Vinterviken för att avsluta turen på träbryggor längs sjön Trekanten.

Det är också vid Trekanten som promenaden börjar och vi går västerut på den soliga norrsidan längs Trekantsstranden. Vi viker av norrut och hittar med lite god vilja Charlottendal som ligger inklämd mellan höghus och den biltäta Gröndalsvägen på väg mot Gröndalshamnen. Här fortsätter vi på träbryggor längs Mälaren och ser Reimers Holme, Långholmen och Lilla Essingen med det nya Luxområdet på andra sidan vattnet.

"Villastaden"

Uppe på bergssluttningen till vänster skymtar stjärnhusen och lite längre fram ligger Ormberget som vi kämpar oss uppför via en lång stentrappa. Här uppe väntar en fantastisk utsikt in mot Stockholm som vi ägnar oss åt en stund innan vi går in på Utkiksbacken och tittar på de gamla husen från "villastaden", som byggdes på 1910-talet. Men någon fin villastad var det knappast fråga om utan snarare en kåkstad med små hyreslägenheter, som kom till i all hast för de anställda på fabrikerna. Det var en ty-

Populärt café i Nobels svavelsyrafabrik.

Porlande bäck i lummig grönska.

pisk arbetarbebyggelse som förekom på flera håll runt Stockholm men som nu nästan bara finns bevarad här. Idag är husen renoverade och den usla standarden ett minne blott.

Vi fortsätter in under Essingeleden och kommer in i Ekensberg, där det tidigare låg ett varv. Här fanns också en populär krog och huset finns kvar att beskåda på Gröndalsvägen 184. Naturligtvis har Bellman även varit här. Säg den Stockholmskrog han inte besjungit? Varvet är nu nedlagt och i dess ställe har ett bostadsområde uppförts med en lummig strandpromenad längs Mälaren och Mörtviken. Här går vi upp för en backe och kommer strax ner till Vinterviksvägen, där vi tittar in i Nobels gamla svavelsyrafabrik och kanske tar oss något att äta och dricka i restau-

Fika lugnt i Vintervikens Trädgårdscafé.

rangen där. Vid tiden för förra sekelskiftet var här inte så fridfullt som nu utan detta var skådeplatsen för de farliga provskjutningar med dynamit som Nobel ägnade sig åt. Än idag finns många spränggropar som vittnar om den tiden. Vi travar vidare i dalgången och kommer fram till Vintervikens Trädgårdar med ekologiska odlingar och fridfullt sommarkafé.

Vi avslutar promenaden genom att följa den gamla vintervägen, som så flitigt utnyttjats i gångna tider för att på enklaste sätt ta sig fram på fjärdar och sjöar vintertid.

Skridskoåkning på Trekanten.

Stora och lilla Essingeöarna flankeras av bullriga Essingeleden.

MUSEER

1. Färgfabriken
tfn 645 07 07 | www.fargfabriken.se

CAFÉER

2. Färgfabrikens Kafé
tfn 645 33 07
www.fargfabrikenskafe.se

3. Parasollfiket
tfn 0707 60 11 96

5. Vintervikens Trädgårdscafé
tfn 073-505 99 35
www.vinterviken.com

RESTAURANGER

1. Restaurang Trekanten
tfn 19 91 22

4. Wintervikens Café
tfn 400 26 480 | www.winterviken.se

Alternera promenaden:

» Utnyttja S
Följ de ljusgröna markeringarna. Krydda t.ex. promenaden med en extratur i skön natur ut på den lugna och charmiga udden mellan Mört- och Vintervikarna

17. Årstaviken runt i Årstafruns spår

Årsta – ett tillhåll för vargar och andra vilda djur

Start (T) (S) Gullmarsplan Stopp (T) Skanstull

7 km · 1,5 h · ca 9 800 · Ja · Ja

Promenaden erbjuder en omväxlande natur från vildvuxen grönska i Årsta Skog över Årstabron till vikens soliga sida med höghus och prydliga koloniträdgårdar i lummiga lundar.

Nu befinner vi oss på Årsta Gårds gamla domäner. Gården har mycket gamla anor och dess marker bredde ut sig över stora arealer både söderut och även på andra sidan Årstaviken. Man valde platsen för gården med omsorg. Här flyter en bäck som strömmar nedför skogsbranten och utgör ett perfekt läge för en kvarn och söderut breder Årstafältet ut sig med odlingsbar mark. På andra sidan Års-

Röd timmerstuga på Årsta Gård.

taviken fick den kuperade Åsön (Södermalm) duga till betesmarker insprängda bland klipporna.

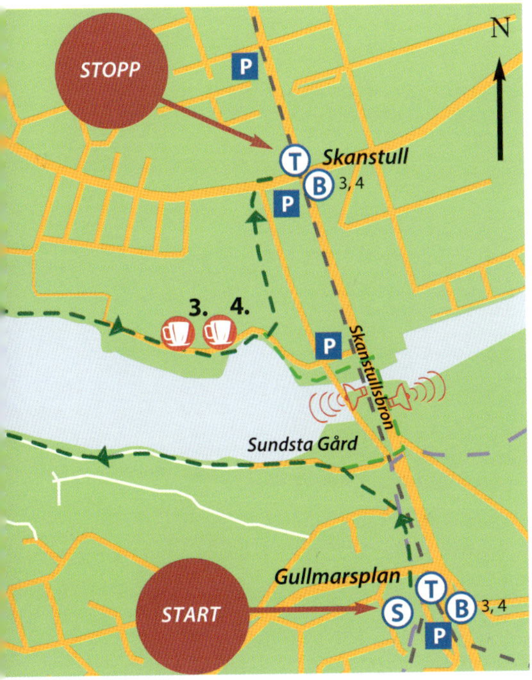

EN GÅRD MED HISTORIA

Flera kända adelssläkter har ägt gården, bl.a. lär Birger Jarl ha residerat här på 1200-talet, liksom hans sonson hertig Valdemar. I senare tid har den varit i familjen Oxenstiernas ägo men den mest beryktade personen på Årsta Gård var "Årstafrun". Hon levde här från 1775 till 1841 och förde under många år en dagbok, där hon i detalj beskriver livet på gården och om hennes resor på undermåliga vägar in till Stockholm och kyrkan i Brännkyrka.

Det var ett helt företag att ta sig in till stan på den tiden. Två vägar ledde dit från "söder om Söder". Göta Landsväg kom från sydväst och passerade Skanstull för att i en båge runt sjön Fatburen på Åsön, nå fram till Gamla Stan. Idag har man restaurerat delar av denna gamla väg bl.a. på Årstafältet och man har även återskapat en stenvalvsbro över Valla å. För Årstafrun var det lättare att ta sig fram via det andra alternativet, över flottbron vid Liljeholmen och allra enklast var det att vintertid ge sig ut på isen över viken.

SUPEN – DEN ENDA TRÖSTEN I EN SVÅR TID

På andra sidan låg en vintertull, Tantobommen med ryktbar krog. Här låg också en sockerfabrik, som i slutet av 1700-talet övergick till kronobränneri. Här framställdes den ”Sublima Danto-sup” som Bellman dränker sina sorger i och betecknar som en tröstetår. På den här tiden var livet inte så lätt och folk drack som aldrig förr med supar både morgon, middag och kväll. Även en privilegierad dam som Årstafrun fick känna på umbäranden. Bara en son av hennes 8 barn nådde vuxen ålder och även han dog i unga år.

Arbetet på gården var tungt, skördarna kunde slå fel och vargarna var snabba att ta för sig när tillfälle gavs. Både får och grisar levde farligt här ute i obygden. Men kompensation gavs när gården fylldes av glada gäster, som trakterades med det bästa gården kunde erbjuda. Som en extra krydda underhöll Bellman med specialkomponerade sånger till Årstafruns ära.

ÅTER TILL NATUREN

Om vi börjar promenaden vid Gullmarsplan kommer vi snart ner till viken via en brant backe. Här ligger Sundsta Gård från 1800-talet i skuggan av skanstullsbroarna. Vi promenerar på en slingrande väg backe upp och backe ner. Om det inte vore för höghusbebyggelsen på andra sidan viken kunde man tro att man befann sig mitt ute på landet.

Det enda som bryter känslan av avskildhet är Dianelunds koloniområde som vi passerar innan vi kommer fram till Årsta å. Bara för några år sedan var bäcken torrlagd och vattnet leddes bort i en bergtunnel.

I en strävan att uppnå en större biologisk mångfald har man sedan dess återfört vattnet till bäcken och anlagt en liten våtmark i Storängsparken söder om Årsta Gård. Vattnet rinner nu som förr genom bäckravinen ut i Årstaviken med hålldammar för att hålla kvar vattnet i fåran under torrperioder samt fisktrappor för att möjliggöra fiskvandring.

Vi släntrar upp mot gården

längs den ”nya bäcken” och fantiserar lite om hur det såg ut här på Årstafruns tid. Kvarngrunden från den gamla vattenkvarnen finns kvar, likaså kvarndammen och lite högre upp ligger huvudbyggnaden, inramad av skuggande lövträd.

Innan vi går vidare kan vi ta en liten omväg till Storängsparken och kanske få syn på grodor på vägarna runt dammen. Särskilt i april är chansen stor att små, små grodor hoppar omkring till synes helt irrationellt men det är förstås vattnet som drar, så var bara försiktig med var du sätter fötterna.

SÖDERS HÖJDER FRÅN OVAN

Nu är vi snart tillbaka i civilisationen. En backe upp från gården bara och vi kommer till Årstabroarna. Här uppifrån har vi en fantastisk utsikt över Södermalm i fonden och rakt nedanför till vänster ligger Årstadal och Liljeholmen.

Kontrasten är stor mellan den lugna skogsmiljön på östra sidan om bron och den kompakta höghusbebyggelsen på den västra. Rakt fram framträder en mer blandad kompott. Vi har en vid utblick över Söders höjder med Högalidskyrkan som självklar medelpunkt bakom en mur av bostadshus, en vy som lättas upp av Tantolundens kolonistugor inbäddade i lummig grönska.

Nedanför bron utbreder sig Årsta holmar med ett alldeles eget

På andra sidan viken höjer sig Högalidskyrkan över Tantolundens grönskande koloniträdgårdar.

ekoliv. Det sägs att man en ljummen sommarkväll kan höra näktergalen sjunga till ackompanjemang av grodors kväkande om man är riktigt uppmärksam här uppe på bron. Något att prova på kanske?

Cyklister på rad ett stenkast från bullrig stad.

STRANDVÄG I SOLIGT SÖDERLÄGE

Väl nere på andra sidan bron hittar vi Molitors Malmgård, som ägdes av apotekarsläkten Molitor på 1700-talet. Här odlade man allehanda medicinalväxter i trädgården. I mitten av 1800-talet såldes gården till Tanto Sockerbruks AB som revs på 1950-talet. I dess ställe byggde man höga, halvcirkelformade bostadshus med fokus mot vattnet och fint läge i Eriksdalslunden. Lite längre bort skymtar det väldiga Södersjukhuskomplexet från 1930-talet med det mer småskaliga Sachsska Barnsjukhuset från 1910-talet i förgrunden.

Badparadis i Årstadal.

Årstadals badnymfer.

Här ligger också ett koloniområde där Anna Lindhagen, initiativtagare till kolonistugorna i Sverige, fått en väg uppkallad efter sig.

Vi följer strandkanten ner mot båthamnen och viker av norrut förbi Eriksdalsbadet in i Eriksdalslundens koloniområde. I korsningen Ringvägen och Götgatan, med T-banan inom bekvämt räckhåll, möter vi den häktiska, bullrande trafiken. Nästan en chock efter den lugna och avslappnande promenaden i skön och grön miljö.

Alternera promenaden:

» Förkorta promenaden:
Utnyttja S eller B nr 3, 4

» Förläng promenaden:
Ta en extratur upp mot Årsta Gård eller genom nya Årstadalsområdet

CAFÉER

1. Café Rhodos ....
2. Söderfiket Rackaren ....
3. Skrovet ....
tfn 641 71 80 | www.skrovet.com
4. Nyfiken Gul ....
tfn 642 52 02, 642 52 03
www.nyfikengul.se

RESTAURANGER

5. Fleur de Lis ....
tfn 662 89 99 | www.fleurdelis.se
6. Brasseriett ....
tfn 525 095 00 | www.brasseriett.se
7. Mug Marievik Gastronomi ..
tfn 645 06 50
www.marievikgastronomi.se
8. Nida Deli ....
tfn 80 11 02 | www.nidacatering.com

Runt Hammarby Sjö förr och nu

En ny stadsdel med ett brokigt förflutet

Promenaderna 18 – 20

Ingenting är statiskt och det gäller även Hammarby Sjöstad. Så mycket har förändrats här i trakten under årens lopp att det skulle kunna fylla en hel bok. Men låt oss stanna vid en kort resumé!

På vikingatiden stävade vikingaskepp in mot Mälaren via Järlasjön, Sicklasjön, Hammarbysjön och Årstaviken och sedan vidare in i Mälaren. På den tiden var det snarare fråga om öppna fjärdar än insjöar som gav en

Slum igår – idyll idag.

bekväm segelled in mot Mälarens handelsplatser. På 1200-talet ändrades förutsättningarna. Då hade landhöjningen snört till segelleden både vid Danviken och Skanstull och båtarna fick söka sig andra vägar.

Nu var Hammarby Sjö en insjö med ett utlopp vid Danviken i form av en slingrande bäck och fallhöjden utnyttjades till att driva en mjölkvarn. För att öka effektiviteten och samtidigt höja sjöns nivå så att den sammanföll med Sickla- och Järlasjöarna lät Gustav Vasa fördämma avtappningen mot Saltsjön.

LANTLIG IDYLL I FARA

I Nacka Ström borta vid Järlasjön fanns en kvarn och flera industrier och nu började en livlig båttrafik in mot Södermalm via Sicklasjön och Hammarby Sjö att ta fart. Man fraktade varor från industrierna men det var också många stadsbor som ville komma ut på landet på sin fritid. Här ute runt sjöarna kunde man lätt söka upp en avskild liten oas att ha helt för sig själv långt från stans buller och stank.

Vid Hammarby Sjös södra strand låg Hammarby Gård med en omfattande jordbruksmark och vid bäcken vid Danviken hade Gustav Vasa låtit bygga ett hospital och en smedja. Borta vid Skanstull fanns en försvarsanläggning, en tullstation och ett kommersiellt centrum men i övrigt var här rena rama landet. Den bilden skulle dock snart vara ett minne blott.

INDUSTRIER OCH KÅKSLUM

De många krigen på 1600-talet kom nämligen också att påverka Hammarby Sjö. Krigen behövde uniformer och flera textilfabriker och färgerier växte upp längs norra stranden. I slutet av 1600-talet startade Jacob Gavelius en textiltillverkning på Barnängen som under 1700-talet blev alltmer omfattande. Flera färgerier kom till och fabriksarbetarna behövde ha någonstans att bo.

I skrevorna uppe på bergshällarna i Vita Bergen dök det upp en kåkstad med urusla sanitära förhållanden. Det fanns varken vatten eller avlopp och folk fick tränga ihop sig i små fallfärdiga trähus. Ett rum och kök till en familj kunde man bara drömma om. Nej, ofta fick ett enda

Roddarmadammer på krigsstigen – vevkullor från Dalarna hotar med konkurrens.

rum duga till flera hushåll, där man delade in rummet i revir med kritstreck. I rummet bedrevs ibland också yrkesverksamhet. I en hörna kunde en skomakare sitta och arbeta, i en annan en snickare och kvinnorna kanske satt och flätade dörrmattor.

Det var med andra ord full fart i stugorna. De flesta hade sysselsättning men lönerna var låga och räckte knappt till det allra nödvändigaste. Nöden var stor och barnen undernärda. Hopplösheten tärde på sinnesron och då var det lätt att ta till flaskan. Krogar växte upp kring industrierna och längs infartsvägarna och spriten flödade. Inte förrän i slutet av 1800-talet ändrades förhållandena. Vita Bergen skulle förvandlas till park och bergets kåkslum försvann efter hand. En social verksamhet inleddes nu och Elsa Borg, Vita Bergens Drottning, var den ledande kraften. Hon startade bl.a. ett skyddshem för fallna kvinnor, systugor och barnhemsverksamheter.

POPULÄRA STRÄNDER TAPPAR SJÖKONTAKTEN

Medan norra stranden av sjön förändrats från idyll till industriområde hade det inte skett så värst mycket på den södra sidan. Däremot växte dess betydelse som rekreationsområde i takt med den ökande inflyttningen till Södermalm. Sickla Udde blev ett populärt utflyktsmål med folkpark, dansbana och musikpaviljong. För transporterna över sjön stod roddarmadammerna ända fram till mitten av 1800-talet för att då avlösas av ångsluparna.

Ett abrupt slut på denna sjötrafik skedde i samband med att Hammarbyleden färdigställdes på 1920-talet. I ett nafs sjönk vattennivån i sjön nästan fem meter när Danvikskanalen sprängts ut. Sjön blev mindre

Sjöstadsparterren i skir vårskrud.

och stränderna bestod av dyig sjöbotten. Nu kunde fartyg ta sig in från Saltsjön via Danvikskanalen och sedan via en sluss vid Skanstull in i Årstaviken och vidare ut i Mälaren. Detta skapade nya förutsättningar för etablering av fler industrier längs stränderna och transporter till och från dessa. Hammarbyhamnen byggdes ut och fabriker som General Motors och Lumafabriken startade verksamhet här.

LUGNET

Vid Sickla Udde hade parken förstörts, sprängsten slängts ut på dybotten och ett helt oplanerat industriområde, Lugnet, uppstod ur intet. Ett gytter av småföretagsbyggnader uppblandade med skjul i korrugerad plåt, skrotbilar och husvagnar gjorde att området mer liknade ett slumkvarter än en arbetsplats. När sedan flera av de stora industrierna flyttade och Hammarbyhamnen minskade i bety-

delse fick hela området dåligt rykte.

NYTT BOSTADSOMRÅDE MED EKOLOGI I FOKUS

Något måste göras och Stockholm Stad började planera för bostadsbebyggelse i stor skala under 1990-talet. Tanken var inte ny. Redan på 1800-talet hade Albert Lindhagen lagt fram förslag på bebyggelse här. Lindhagen var mannen bakom en stor del av den bostadsbebyggelse från förra sekelskiftet som vi ser i Stockholm idag. Han var inspirerad av Haussmanns stadsplaner för omdaningen av Paris och pläderade för ett reglerat gatunät med fyrkantiga kvarter omgivna av breda gator och esplanader. Nu ville man följa i hans spår men även bygga resurseffektivt med ekologiska förtecken. Då som nu står miljön i fokus och man arbetar med många olika lösningar som ingår i ett intressant återvinningssystem, där de boende själva får stå för mycket av den energi de behöver.

Hoppet om att få OS, som skulle förlagts hit, drev på projektet och bidrog säkert till att ansträngningarna stegrades. Resultatet kan vi föreställa oss idag även om allt inte är färdigställt än.

Några av fördelarna med Hammarby Sjöstad är att man kommer att kunna promenera runt nästan hela sjön på kajer utan biltrafik. En spårvagn korsar området och mitt i sjön går en gratis färja. Både på Södermalmssidan, runt Sickla Udde och Lumaparken har man mycket grönska att vila ögonen på men i övrigt ligger husen tätt, alltför nära vattnet och insynen mellan huskropparna är besvärande.

Området kring Hammarby Sjö har ett brokigt förflutet att blicka tillbaka på, från lantlig idyll till modern bostadsbebyggelse. Så nu får vi se vad framtiden har att erbjuda. Det moderna Hammarby Sjöstad bör väl stå pall ett bra tag framöver och inte ersättas av något nytt i brådrasket. Eller?

Populärt soldäck i Hammarby Sjö.

18. Vita Bergen och Hammarby-hamnen

Spännande mix av splitternya bostadshus och gamla träkåkar

Start Ⓣ Skanstull Stopp Ⓣ Gullmarsplan

ca 6 km · 1 h 15 min · 8 400 · Ja, men ej längs kajerna · Ja

Rofyllt boende på Blecktornsbrinken i parkmiljö.

På den här promenaden möts vi av gammalt och nytt i en salig blandning, från gamla träkåkar och fabriksbyggnader i Vita Bergen till splitternya bostadshus som speglar sina fasader i Hammarby Sjös vatten.

Vi börjar promenaden vid Skanstull och här har funnits en skans och en tull precis som namnet anger. Idag förbinds Södermalm med Södertörn av tre livligt trafikerade broar över Hammarbykanalen men förr i tiden fanns här en fast förbindelse i form av ett smalt näs som det var viktigt att försvara. Ända tills för 100 år sedan fanns spår kvar av de gamla befästningarna.

Mellan åren 1622 och 1810 försvarades staden även handelsmässigt med inrikes tullar och Skanstull var en av dem. Över näset gick Gamla Göta Landsväg som Södertörns bönder tog för att ta sig in till stan och sälja sina varor. Strax efter tullen låg ett kommersiellt centrum, Fyllebacken, med ett stort handelskvarter med diverse handelsbodar och verkstäder. Här blomstrade kommersen och efter en lyckad affär togs kanske ett glas eller två på någon av Fyllebackens många krogar. Här flödade nämligen ölet för längs backen fanns inte mindre än fyra bryggerier.

HAMMARBY SJÖSTADS FÖRSTA FAS

Idag är Fyllebacken bortsprängd och i det gamla tullområdet finns nu Tullgårdsskolan och Tullgårdsparken som ingår i det nya bostadsområde som tog form under 1990-talet.

Vi promenerar längs den soliga sidan av Hammarbyleden och noterar först Whites Arkitekters glasglassiga kontorsbyggnad borta vid broarna. Sedan följer en rad trevliga lamellhus med en hel den grönska emellan, de första husen som byggdes i Hammarby Sjöstad. Om vi tittar in i gränderna mellan husen skymtar vi snart en park, Blecktornsparken, som vi med fördel kan gå in i.

Vinhandlare Groens malmgård i Vita Bergen.

Nytorget förr

Nytorget nu

Vi travar upp genom Nätgränd och in i parken, som egentligen är två, Stora och Lilla Blecktornsparken med ett trevligt, äldre bostadsområde emellan. Efter parkerna kommer vi ut i ett trafikerat gatukors som vi snabbt ilar över för att komma fram till Malmgårdsvägen.

KULTURHISTORISK VANDRING I VITA BERGEN

Nu har vi framför oss ett promenadstråk med idel minnen från förr. Det var den framsynta Anna Lindhagen som framlade ett förslag om att spara en del av den gamla bebyggelsen här på Vita Bergen till kommande generationer. Då ett slamrande, stinkande industriområde och slummig kåkstad, nu en slumrande idyll med varligt renoverade trähus och uppsnofsade fabriksbyggnader.

I hörnet Malmgårdsvägen och Lilla Mejtens Gränd ligger på ena sidan några 1700-talshus som hyst både bryggeri, slakteri och textilfabrik. Idag har de förvandlats till trivsamma bostadshus med idylliska bak-

Röd stuga med vita knutar – dröm idag – slum igår.

Trädgårdsidyll mitt i stan.

gårdar och trädgårdstäppor. Glänta gärna på portarna och stig in i en annan värld. Inte som förr med buller, stank och fattigdom utan något mycket bättre: en oas med härliga, gamla hus i modern tappning och mycket grönska mitt i stan.

På den andra sidan ligger Werner Groens Malmgård, som byggdes på 1600-talet och ägdes av vinhandlare Groen på 1700-talet. Härifrån ledde också Elsa Borg sin sociala verksamhet i slutet av 1800-talet.

Om vi fortsätter uppför Malmgårdsvägen väntar en hel rad 1700-talshus som breder ut sig på vägens östra sida och på den andra ligger Malongen, Stockholm äldsta fabriksbyggnad. Idag finns här konstnärsateljéer men i slutet av 1600-talet snurrade spinnrockarna och vävstolarna dunkade i takt med att färdigt kläde till arméns uniformer lämnade fabriken. Det var en invandrad skotte som startade verksamheten i samband med att Karl XI år 1686 bestämde att endast svenskt kläde fick användas till uniformerna och textilindustrin fick en rejäl skjuts framåt.

TRÄKÅKAR OCH PAMPIG KYRKA

Vi passerar Nytorget och fortsätter sedan upp på berget och följer Bergsprängargränd och Mäster Pers Gränd med sina idylliska träkåkar. Vi rundar Sofia Kyrka, som uppfördes som centralkyrka i rundbågestil år 1906. Kyrkan fick stor betydelse för förhållandena inom Vita Bergen genom sitt sociala engagemang i Elsa Borgs anda.

Från kyrkan går vi ner i parken till Musikpaviljongen med mer än 100 år på nacken och kanske sätter vi oss ner en stund på Friluftsteaterns halvcirkelformiga bänkar och njuter av det grönskande uterummet. Härifrån är det nära till Gaveliusgatan nr 1, där Bellman hade ett av sina vattenhål, Faggens Krog. Gavelius, som gett gatan dess namn, var inte så glad åt krogen och inte tyckte han om alla de andra krogarna heller, som han ansåg gjorde området osäkert.

Faggens Krog – ett av Bellmans vattenhål.

BARNÄNGEN

Vi har nu kommit ner till Barnängsområdet med en 300-årig tradition av textiltillverkning och färgeriverksamhet. Barnängens Textilfabrik var det största företaget men det fanns även andra textilfabriker och färgerier. Fortfarande finns en hel del bevarat av de gamla industribyggnaderna nedanför Vita Bergen och vi kan notera att de flesta har förvandlats till trivsamma bostäder med små täppor att påta i. Barnängens Herrgård har gett plats till flera kontor och andra byggnader utnyttjas för föreningsverksamhet.

VINTERTULLSVÄGEN

Innan vi tar färjan över till södra sidan av sjön tittar vi in i Vintertullsparken och kanske funderar vi lite över namnet. Ja, just det! Här låg en tull som användes när isen bar på vintern. Förr i tiden var landsvägarna riktigt dåliga och det var mycket enklare att ta sig fram med häst och släde över de isbelagda sjöarna och fjärdarna. Tullen låg vid den nuvarande parken

Vilostund i rofylld körsbärslund.

och bönderna kunde lätt följa Malmgårdsvägen eller Vintertullsvägen, som den hette förr, upp till Nytorget, där de kunde få avsättning för sina varor.

GLÖDLAMPSFABRIK BLIR BOSTÄDER

Mittemot Vintertullsparken ligger Lumaparken, där Hammarby Gård låg fram till 1945 och som gett namn åt hela området. I parken ligger den kulturminnesmärkta Lumafabriken som byggdes 1930 i funkisstil. Här tillverkades glödlampor fram till 1970-talet och några årtionden senare började man renovera för kontorsändamål och bostäder. Uppe på fabrikstaket ståtar Lumas symbol, det glasade tornet för lampprovning, som kommit att bli ett välkänt landmärke i staden. Tornet ser vi bäst från färjan som vi hoppar på för överfarten mellan de två parkerna.

När vi stiger av färjan möter oss genast en dekorativ vattentrappa, som leder ner vatten från Sicklasjön via Sjöstadsparterren för att sedan forsande försvinna ner i Hammarby Sjö. Vi rundar Lumaparken och går längs Hammarbyledens södra sida. Här ligger de nya höghusen tätt och lämnar bara en smal remsa kaj att strosa på men det är ändå trevligt att gå här och se ut över vattnet mot ledens soliga sida med Vintertullsparkens grönska och de gamla skutorna längs kajen i blickfånget.

De nya husen breder ut sig mot Skanstull och snart finns inga fabriker kvar längs Hammarby Sjö. I ensam isolering bland idel bostadshus finns Fortums Värmeverk och vid Fredriksdalsvägen skvallrar endast ett gammalt fryshus om att det låg ett 70-tal slakterier här runt förra sekelskiftet. Nere vid kajen har hamnverksamheten avtagit i takt med att fabrikerna flyttat och numera ser man bara några sandpråmar till betongindustrin och något enstaka tankfartyg med olja till Fortums verksamhet.

Alternera promenaden:

» Utnyttja S, B 55 eller B 74
Följ de ljusgröna markeringarna

CAFÉER

2. Café Växthuset
3. Café Vita Bergen
5. Café Spoon
tfn 642 40 19
7. Bistro Sjöstad
tfn 642 14 42 | www.bistosjostad.se

RESTAURANGER

1. Thaiboat
tfn 462 94 83 | www.thaiboat.se
4. Sjöjungfrun
tfn 642 21 30 | www.sjojungfrun.se
6. Jimmys
tfn 644 06 66 | www.jimmys.se
8. Tezukuri Sushi
tfn 500 991 91 | www.tezukurisushi.se
9. Texas Longhorn
tfn 642 41 20 | www.texaslonghorn.se
10. Hemma hos Kaj
tfn 446 65 66 | www.hoskaj.se

19. Utmed kajerna runt Hammarby Sjö

Promenad på gammal sjöbotten

Start Ⓢ **S Luma**

ca. 3 km | **30 min** | **4 200** | **Delvis** | **Ja**

En bra start på promenaden är att ta färjan från Lumaparken till Barnängsparken för att få en fin överblick över hela turen.

Från färjan kan vi nämligen från vänster till höger zooma in parken med de gamla husen från fabrikstiden, de fina gavelhusen vid norra Hammarbyhamnen, de höga "blyertspennehusen" på Danviksklippan och det

Färjan angör Lumabryggan.

splitternya bostadsområdet vid Lugnets Allé. Och över alltihopa blickar Sofia Kyrka ner på oss från sitt höga läge uppe i Vita Bergen.

Väl över på andra sidan styr vi våra steg norrut längs kajen, går förbi gavelhusen med sina grönskande innergårdar och når strax fram till Mandelparken.

Här viker vi in på Alsnögatan, följer den en bit och försvinner sedan in under Folkungagatan och går upp mot Fåfängan. Nu får vi ta i lite för att nå toppen av berget, som faktiskt är ett av de högsta i Stockholm – men så är ju också utsikten härifrån alldeles hänförande. Vi ser hela inloppet till Stockholm med en vid panoramabild ända från Gamla Stan via Kastellholmen till långt ut på Djurgården.

På andra sidan Saltsjön ligger Prins Eugens Waldemarsudde och förnöjer med sin vackra arkitektur och omfamnande grönska och vi kan tänka oss den fina utsikt som prinsen kunde glädja sig åt på sin tid.

Idag har mycket förändrats till

Mandelparken i full blom.

det sämre men ett av prinsens favoritmotiv, paviljongen på Fåfängan finns kvar. Det gör även de arkadklippta lindarna som utgör ett originellt inslag i Söders silhuett. Vad som däremot inte finns bevarad är den skans som byggdes här på 1650-talet och av kanontransportvägen upp till skansen finns bara några rester kvar.

KARG BERGSKNALLE MED LUSTHUS

På 1700-talet var det inne att kunna erbjuda sina vänner en stunds avkoppling i härlig miljö med mat och dryck en varm sommardag. Så var man rik och hade råd köpte man helt enkelt en bergsknalle med milsvid utsikt och byggde sig ett lusthus där.

I Stockholm fanns flera sådana lusthus som kallades fåfängor och ett av dem finns här på Fåfängan. Det byggdes på 1770-talet av grosshandlare Fredrik Lundin som hade många kalas här uppe för släkt och vänner.

Fikadags på Fåfängan.

På den tiden fanns det förutom Lundins lusthus även flera sommarstugor som klängde på sluttningarna ner mot sjön. En av dessa, Bergshyddan finns kvar och utnyttjas nu som stipendiebostad för nordiska konstnärer och författare.

NIO PUNKTHUS I SPIRAL

Efter att ha njutit av utsikten och kanske ätit en god lunch i paviljongen vid lusthuset släntrar vi ner för berget och har Danviksklippan rakt framför oss. Klippan var namnet på en kvarn som byggdes av en färgare på 1700-talet för att mala färg som användes på textilfabrikerna vid Barnängen. 1903 revs kvarnen och på 1940-talet bebyggdes klippan med nio punkthus som vrider sig i spiral med den högsta byggnaden på toppen.

Vi går vidare över klaffbron och tar trapporna upp mot Danviksklippan. Punkthusen omges av mycket grönska och en gemensam park ligger i områdets mitt.

Vi går till höger genom parken och tar oss ner till Sjöstaden via en smal gångväg med trappor och är strax nere i områdets sista fas, som ty-

värr inte lever upp till Sjöstadens goda rykte. Här byggs husen oroväckande tätt och bildar en kompakt mur som hindrar utsikten upp mot Danviksklippan.

LUMMIGA STRÄNDER OCH BREDA TRÄBRYGGOR

Nu närmar vi oss den trevligaste delen av Hammarby Sjöstad, nämligen den runt Sickla Udde och Sickla Kanal. Här är det grönt och skönt med vassdungar längs stränderna och långa breda träbryggor att gå eller sola på. Längst ute på Sickla Udde ligger konstverket Observatorium, en avhuggen träpyramid, där man kan breda ut sitt badlakan och njuta av sol och bad bland de vajande vassrören. Lite längre ut ligger en vassö, där man satt ut boflottar för att berika fågellivet. Vi går längs kajerna och ut på träbryggorna för att sedan korsa Sickla Kanal över en gracil gångbro i rostfritt stål. Om vi stannar till en stund mitt på bron kan vi titta närmare på husen längs kaj och strand. Inte något är det andra likt men ändå skänker de en viss harmoni med sina stora glasfönster, balkonger och terrasser.

På andra sidan bron går vi längs

Stor båt skymmer utsikten.

kajen upp mot Lumaparken och kastar en sista blick ut över Hammarby Sjö med dess nya, spännande bostadshus i en gynnad miljö.

DANVIKS STRAND

Att förlänga promenaden med en extratur ut mot Finnboda längs Danviks Strand är ingen dum idé. Här väntar en härlig utsikt mot Södra Djurgården med Prins Eugens Waldemarsudde i fokus. Dessutom passerar vi flera imponerande fabriksbyggnader med anor som blandats upp med en bostadsbebyggelse av modernt snitt.

INTRESSANTA TILLBAKABLICKAR

För att få lite grepp om Danviksområdet kan vi börja med Gustav Vasa. På hans tid hade gamla Stan blivit överbefolkad, gatorna var smutsiga och vattnet förorenat. Och till råga på allt "kom det en ond stank i hela staden av den där spetalen från Gråmunkeholmen". Det var så kungen uttryckte det i ett brev till Stockholms borgare, där han beordrade dem att flytta hospitalet till Danviken.

Så kom det sig att man 1558 började bygga en träkyrka, två hus med sjuksalar samt ett myller av diverse andra hus och bodar. Här fick sjuka, gamla, fattiga, krigsinvalider, föräldralösa barn, sinnessjuka och personal samsas om utrymmet.

Idag finns inget av detta kvar men 1725 färdigställdes en ny sjukhusbyggnad, som vi idag kan beundra i helt nyrenoverat skick omgiven av en nyanlagd barockträdgård enligt gamla ritningar. Huset hittar vi strax nedanför bron vid Danvikskanalen.

Ett annat hus från 1700-talet, som fortfarande finns kvar har även det anknytning till hospitalverksamheten. Dit flyttades de sinnesjuka och byggnaden fick namnet Danviks dårhus. Alldeles intill Saltsjökvarn kan vi ta oss en titt på det.

FLYTT TILL FINNBODABERGET

Det var lite si och så med saniteten på hospitalet även på Danviken och hjonen, som de boende där kallades, hade det nog rätt eländigt. Maten bestod av soppa, gröt, salt sill och salt kött och det var allt. Inte undra på då att skörbjuggen härjade fritt.

Men det kom att dröja ända till början av 1900-talet innan någon större förbättring skedde. Då var hospitalbyggnaderna i ett så bedrövligt skick att det var lika bra att riva hela anläggningen. Nu fanns bara fattiga gamlingar kvar där och man behövde ett ålderdomshem, som byggdes högst uppe på Finnbodaberget med en fantastisk utsikt över hamninloppet.

Nu sparades det inte på slantarna minsann. År 1915 stod en pampig tegelbyggnad, Danvikshem, i tidsenlig jugendstil klar för inflyttning med moderna bekvämligheter som centralvärme, varmt vatten och vattenklosett, en lyx som verkligen inte stod allom given i Stockholm på denna tid.

NY BEBYGGELSE I GAMMAL KVARNMILJÖ

I slutet av 1800-talet hade de gamla väder- och vattenkvarnarna börjat konkurreras ut av de mer effektiva ångkvarnarna och vid Danviks Strand fanns goda förutsättningar för kvarnverksamhet. Alltså uppfördes en stor

”Från Fåfängan kan man zooma in nästan halva stan

kvarnanläggning här 1890. Den ståtliga tegelbyggnaden speglar sig i Saltsjöns vatten och har fått namnet Saltsjökvarn.

En annan kvarn Mannagrynskvarnen byggdes 1923. Båda byggnaderna står kvar men har nu fått andra användningsområden. Saltsjökvarn har blivit hotell och i Mannagrynskvarnen har bostäder inretts. Bl.a. finns det en lägenhet i 6 plan i det höga tornet, som vi passerar på vår promenad.

DANVIKSHEM SKYMTAR FRAM MELLAN TRÄDEN PÅ SIN KLIPPAVSATS

Bäst är att gå strandpromenaden inåt stan för den vackra utsiktens skull. Alltså startar vi vår lilla extratur med utgångspunkt från Danviksparken. Vi går över Hästholmsviadukten uppför en backe med kala klippor och fina vyer.

Här uppe skvallrar gatunamnen, Sjökvarnsbacken, Bageribacken och Mannagrynstorget om den tid då kvarnarna var i full gång. Vi passerar Mannagrynskvarnen och får snart en skymt av Danvikshem högt uppflugen på sin klippa. Här sneddar vi högerut, ner i en dal förbi Vilans skola och är strax framme vid Finnboda Varv.

ETT AV SVERIGES STÖRSTA VARV

Finnboda har många år på nacken som hamn. Redan på 1700-talet an-

Fåfängan fängslar med härliga vyer.

löptes hamnen av finska båtar, s.k. finnskutor, som förde med sig ved och matvaror från andra sidan Östersjön. Ett torp byggdes här i närheten som fick namnet Finnboda och det i sin tur har troligtvis gett hela området dess namn.

Långt senare, på 1870-talet, grundades en varvsindustri vid hamnen som fram till sekelskiftet 1900 kom att utvecklas till en av Sveriges största. Man byggde stora torpedkryssare, kanon- och pansarbåtar för flottans räkning under denna stor-

En promenad längs Danviks Strand ger extra lön för mödan.

hetstid. Under 1900-talet gick det däremot sämre och århundradet präglades av växlande upp- och nedgångar ända tills konkursen var ett faktum år 1991.

MED FÄRJOR OCH LYXKRYSSARE SOM FÖLJESLAGARE

Vi tittar runt lite i det som återstår av varvet. Gamla varvsbyggnader har idag fått ge plats åt affärer, kontor och

Stor och liten.

bostäder. Dessutom byggs det ytterligare bostäder i hamnområdet som har en fantastisk utsikt över Stockholms hamninlopp. Det kommer vi också att få på vår promenad tillbaka till Danvikstull.

Hela långa vägen har vi en strålande utsikt med Gamla Stan i fonden och Djurgården och Kastellholmen som breder ut sig på andra sidan vattnet.

Och i farleden är det alltid något på gång. Stora färjor och lyxkryssare stävar majestätiskt framåt, små segelbåtar guppar fram på svallvågorna medan motorbåtarna lätt parerar mellan giganterna och sprider sitt smattrande över fjärden.

MUSEER

1. **Leksaksmuseet**
   tfn 641 61 00 | www.leksaksmuseet.se
2. **Spårvägsmuseet**
   tfn 686 17 60
   www.sparvagsmuseet.sl.se

Förläng promenaden:

» Gå upp till Fåfängan eller flanera längs Danviks Strand.
Se de ljusgröna markeringarna

Förkorta promenaden:

» Förkorta promenaden:
Utnyttja S eller B nr 71

CAFÉER

2. **Kafé Fogia ....**
   tfn 073-430 58 01, 556 09 100
4. **Boule & Berså......................**
   tfn 641 38 25 | www.boulebersa.se

Caféer och restauranger vid färjeläget, se promenad 18.

RESTAURANGER

1. **Fåfängan ....**
   tfn 642 99 00 | www.fafangan.se
3. **Elite Hotel Marina Tower .**
   tfn 0771-788 714 | www.elite.se
5. **Medelhavspärlan ....**
   tfn 641 00 60
   www.medelhavsparlan.se

20. Sicklasjön runt i grön, skön natur

Liten vattenränna i grönskande park, smal kanal med böljande vassruggar, långsträckt sjö i skogsmiljö.

Start (S) Sickla Kaj

ca 8 km | 1,5 h | 11 200 | Ja | Ja (ej längs kanalen)

Sicklasjöns stränder inbjuder till trivsamma promenader och erbjuder både sol och svalkande skugga.

På dess norra sida passerar vi trevliga flerfamiljshus omgivna av lummig grönska omväxlande med en fridfull villabebyggelse och på dess södra sida dyker vi in i en mörk skog tills vi kommer tillbaka till den ljusare Sjöstadsparterren i Hammarby Sjöstad.

När vi stiger av tvärbanan vid Sickla Kaj har vi kommit rakt in i Hammarby Sjöstads lilla centrum med butiker, restauranger, caféer och kyrkan mitt i byn. Men kyrkan ser inte alls ut som en "riktig" kyrka och är inte så lätt att hitta.

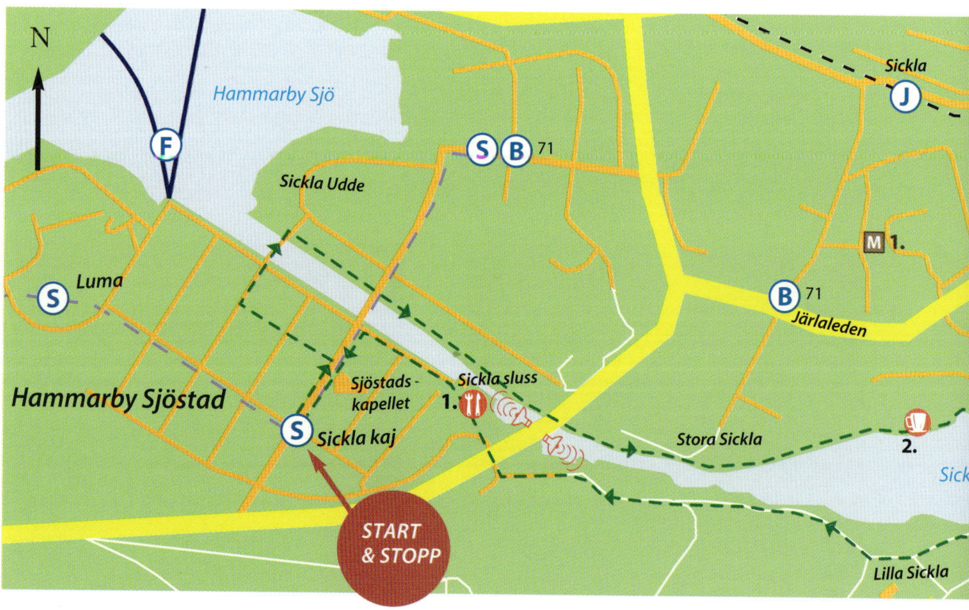

På vägen ner till Sickla Kanal kommer vi i alla fall fram till två glashus som flankerar gatan på var sin sida och i det högra ser vi två kyrkklockor i ett glastorn som skvallrar om att här är det. I det andra huset, Glashus 1, finns en utställning om miljöfrågor, ett passande inslag just här i Hammarby Sjöstad, där så mycket kretsar om hur ett modernt bostadsområde bäst kan anpassas till miljön. Bakom glashusen breder Sjöstadsparterren ut sig, denna charmiga remsa park med sina pergolor, fontäner och konstverk och så den fina vattenrännan, som leder vatten från Sicklasjön ner i Hammarby Sjö.

Sjöstadsparterren – populärt stråk med glittrande vattenränna.

SICKLA KANAL

Vi går in en bit i parken bakom Glashus 1 och korsar sedan den lilla gångbron över till kanalens lummiga sida. Här ligger en rad fina hus med stora panoramafönster och terrasser med utsikt över kanalen och Sickla Kaj. Vi

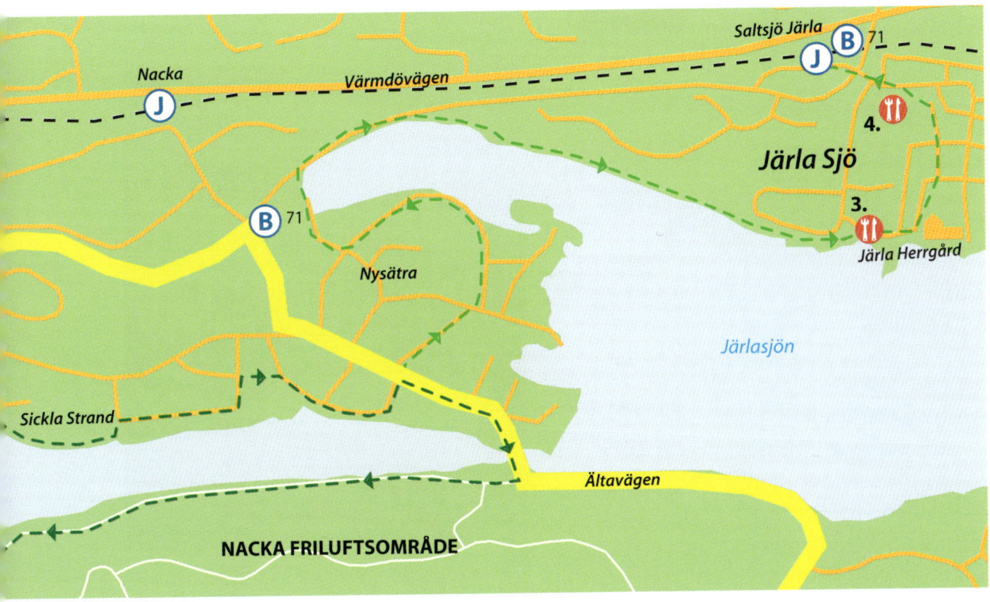

Fisktrappa vid Sickla Sluss

passerar under Allébron och kommer strax fram till den gamla Sicklaslussen, där en laxtrappa byggts in på höger sida. Ovanför oss dånar Södra Länkens alla bilar förbi och skapar en stunds otrivsamhet i den annars så fina miljön.

SICKLA SLUSSAR

Sjötrafiken mellan Hammarby Sjö, Sicklasjön och Järlasjön var tät i början av förra seklet men fick ett abrupt slut i samband med att Hammarbyslussen byggdes och att leden förbi Danvikstull sprängdes ut. Nu var enda lösningen att kunna återuppta trafiken att bygga en sluss, som stod färdig 1931. Sedan dess har den varit stängd några gånger p.g.a. olönsamhet och Södra Länkenbygget men har nu ersatts av två slussar som togs i bruk 2003. Nu hoppas kanotägare och andra småbåtsägare på en kanal mellan Järlasjön och Duvnäsviken för att kunna ta sig fram i Stockholms farvatten nästan som på vikingatiden.

SICKLASJÖN

Efter "Södra Länkenbron" och lite högre upp ligger den nya Sicklaslussen och vi har en lugn och behaglig promenad runt Sicklasjön framför oss.

Till höger tornar Hammarbybacken upp sig och erbjuder fin skidåkning vintertid och på sommaren kör man "cykelslalom" nedför backen. Men så hög som den är nu har den inte alltid varit. När Klarakvarteren i

Terrasser en masse vid Sickla Kanal.

Stockholm revs på 1960-talet forslades rivningsmaterial hit och skidbacken fick då ett extra lyft.

Rakt fram, en bit upp i backen, skymtar den gamla Fläktfabriken och lite längre bort ser vi Atlas Copco, den enda industrin som fortfarande har verksamhet kvar i det tidigare så hektiska Sickla Industriområdet.

STORA SICKLA GÅRD

Ganska precis där vi befinner oss nu låg Stora Sickla Gård som bredde ut sina domäner över en stor del av Sicklaön. Mangårdsbyggnaden låg nere vid stranden och runt "stora huset" grupperade sig ladugårdsbyggnader och arbetarbostäder men också industribyggnader.

Ett lönsamt kattunstryckeri startade här 1727, där man tryckte vackra mönster på tunna, fina bomullstyger. Företaget hade ett hundratal anställda och verksamheten varade i mer än 100 år. Under 1800-talet tillkom fler industrier som t.ex. en jästfabrik, limtillverkning och dieselmotortillverkning m.m.

Vi går längs sjöns norra strand och kan tänka oss en utveckling från rena rama landet till modern bostadsbebyggelse. Om vi låter fantasin flöda kan vi framför oss se en idyll från förr med hästar och kor i hagarna och åkrar där säden vajade för vinden. En slamrande, illaluktande industriepok med en livlig båttrafik över sjöarna, tog vid efter hand.

Idag finns inte många spår av det förgångna kvar. Nu har hela rasket rivits och ersatts av flerfamiljshus och en strandpromenad längs vattnet har anlagts fram till ett äldre villaområde. Här måste vi bege oss ut på villagatorna en stund innan vi kommer fram till Nackanäsvägen. Sedan går vi över bron till andra sidan sjön som visar upp ett helt annat ansikte.

I väntan på slussning.

Sicklasjön ligger spegelblank och fin.

LILLA SICKLA GÅRD

Vi promenerar på en stig och ser bara vatten och skog tills vi stöter på Lilla Sickla Gård med anor ända från 1500-talet. Mangårdsbyggnaden är från 1780-talet, byggd i gustaviansk stil och omgiven av en engelsk park. Även här fanns industrier som t.ex. ett krutbruk och en mjölkvarn. Om man är lite uppmärksam kan man få syn på många olika inplanterade träd häromkring som t.ex. popplar, ekar och hasselbuskar som kunde utnyttjas på plats. Hasseloljan användes t.ex. vid kruttillverkningen och poppel och ek till båtbyggande och hör och häpna, syren till att göra spikar.

Vi fortsätter skogspromenaden en stund till men är snart tillbaka i civilisationen vid Sickla Sluss och Hammarby Sjöstad.

Lilla Sickla Gård i bevarad lantmiljö.

LÄNGS JÄRLA SJÖS NORRA STRAND

Denna promenad kan med fördel förlängas med några kilometer till Järla Sjö och tillbaka. I så fall måste vi gå över Nackanäsvägen och in i ett litet villaområde, Nysätra, med fina stränder mot Järlasjön. Här följer vi Nysätravägen in i Bergparken och rundar sedan Kyrkviken.

Vi förföljs en stund av Järlaledens monotona trafikbuller men försvinner strax in bakom Ekuddens skyddande berg och höghuskroppar. Vi går längs Järla Sjös soliga sida med

Än idag står många av de gamla industribyggnaderna kvar och minner om förr.

fin utsikt över sjön och Hästhagens villaområde på andra sidan vattnet. Snart stöter vi på Järla Sjös första fina bostadshus som ingår i ett nytt bostadsområde på gammal industrimark.

JÄRLA GÅRD

Sedan gammalt låg här en stor gård, Järla Gård, vars mangårdsbyggnad fortfarande finns kvar. Redan på 900-talet tror man att den första gården med namnet Järla byggdes och här har mycket prominenta personer bott. Både Sten Sture den äldre och Gustav Vasa har varit ägare till gården. På 1600-talet byggdes en större gård men det var först på 1700-talet när Ostindiska Kompaniets direktör, Jean Henri le Febure, flyttade hit som gården fick sin nuvarande utformning. Då tillkom flyglarna, en överbyggnad byggdes till och fina trädgårdar anlades.

INDUSTRIINVATION

På 1880-talet bröts idyllen och en mängd industrier etablerade sig längs Järlasjöns norra strand. En av anledningarna till detta var den bekväma sjöförbindelsen in till Södermalm, en annan att Saltsjöbanan byggdes då.

Järla Läderfabrik anno 1898.

Den första fabriken som startade verksamhet här var Järla Läder- och Remfabrik och bara några år senare började de Laval sin tillverkning av ångturbiner och sedan gick det som på räls ända fram till 1998. Under mellantiden har man framställt ättika och gas och tillverkat rotormaskiner, kompressorer, fyrar och mycket mer.

Än idag står många av de gamla industribyggnaderna kvar och minner om förr men nu har den slamrande

Närmare sjön än så här, kommer du inte.

industrin utbytts mot lugnare verksamheter. Uppe vid Järla Station ligger t.ex. det gamla gjuteriet som nu hyser en stor möbelaffär.

Mitt emot ligger Lavallhallen med maskin- och turbinhallar från förr. Här och i läderfabriken nere vid vattnet har Stockholm Modecenter numera sina lokaler. Inte mindre än 200 modeagenturer, som marknadsför 1 500 varumärken över hela Sverige hittar vi här.

ATTRAKTIVA BOSTÄDER I SÖDERLÄGE

I slutet av 1990-talet stannade maskinerna i Järla och vad kunde man göra med ett gammalt slitet och stökigt industriområde om inte bygga bostäder,

Populär restaurang vid vattenbrynet.

som var så eftertraktade i förtätningens tidevarv.

Läget i söder vid vattnet var superbt och ett helt litet samhälle växte fram på kort tid vid Järla Sjö.

Resultatet är ett fint exempel på hur ett tråkigt industriområde på ett fördelaktigt sätt förvandlats till en attraktiv boendemiljö, där de gamla industribyggnaderna utgör ett spännande inslag.

Alternera promenaden:

» Förläng promenaden:
Promenera bort mot Järla Sjö.

» Förkorta promenaden:
Utnyttja B nr 71

Caféer och restauranger vid färjeläget, se promenad 18.

MUSEER

1. Stockholms Läns Museum
tfn 586 194 00
www.stockholmslansmuseum.se

RESTAURANGER

1. Göteborg
tfn 031 139933
www.restauranggoteborg.se

3. Sjökrogen
tfn 32 34 00 | www.sjökrogen.com

4. Lavalhallen
tfn 718 04 05 | www.lavalhallen.se

CAFÉER

2. Sickla Beach Café

Lugna gatan.

Sköna gröna promenader i Stockholm